Kochen mit der Mikrowelle

macht Spaß, geht schnell und ist ganz leicht. Durch die schonende Zubereitung bleiben Vitamine und Mineralstoffe weitgehend erhalten, und der Geschmack der verwendeten Zutaten kann sich voll entfalten – die Gerichte schmecken mehr nach dem, was sie enthalten.
Probieren Sie es aus, und lassen Sie sich mit den verlockenden und gut funktionierenden Rezepten von den Vorzügen der »schnellen Welle« überzeugen. Bitte beachten Sie auch den wichtigen Hinweis auf Seite 64.

Die Farbfotos gestalteten
Odette Teubner
und Kerstin Mosny.

INHALT

WISSENSWERTES ÜBER DIE MIKROWELLE

Was sind Mikrowellen?

Ähnlich wie Radio- und Fernsehwellen, sind Mikrowellen elektromagnetische Wellen. Im Gegensatz zu den konventionellen Zubereitungsarten, werden Speisen durch Mikrowellen ohne Umweg über ein Gefäß erhitzt. Denn Mikrowellen können Gefäße aus Glas, Keramik, Porzellan und Kunststoff praktisch ohne Energieverlust durchdringen und gelangen so direkt in das Gargut. Dort bringen sie die Fett-, Wasser- und Zuckermoleküle der Nahrungsmittel in Schwingungen, die Moleküle reiben aneinander, und durch diese Reibung entsteht die für das Garen notwendige Wärme. Da Wassermoleküle die größten Schwingungen aufweisen, eignet sich die Mikrowelle besonders für alle stark feuchtigkeitshaltigen Lebensmittel. Metallgefäße gehören nicht in die Mikrowelle, denn die Mikrowellen werden von Metall reflektiert und können so die Lebensmittel nicht erreichen.

Die Wahl des Gerätes

Sie hängt entscheidend davon ab, welche Zwecke das Mikrowellengerät erfüllen soll. Je nach Ihren Bedürfnissen können Sie wählen zwischen einem Mikrowellen-Sologerät oder einem Kombinationsgerät. Der Handel bietet Einbau- und Standgeräte sowie Backöfen mit den üblichen Funktionen und zuschaltbarer Mikrowelle an, und es gibt Geräte mit unterschiedlicher Höchstleistung.
Inzwischen sind fast alle Mikrowellengeräte mit verschiedenen Leistungsstufen ausgestattet. Viele moderne Geräte verfügen über eine Höchstleistung von 800–1000 Watt zum schnellen Erwärmen und Erhitzen von Flüssigkeiten. Für das Garen von Speisen ist diese Leistung jedoch zu hoch. Dafür genügt eine Leistung von 500–720 Watt. Empfindliche Lebensmittel werden bei 300–490 Watt gegart. Zum Fortgaren bei längeren Garzeiten genügen oft sogar 180 Watt.
Im Handel befinden sich auch Geräte mit einer Höchstleistung von nur 400 Watt. Sie eignen sich vor allem zum Erwärmen fertiger Gerichte und natürlich zum Auftauen, jedoch weniger zum Garen. Die Garzeiten wären aufgrund der geringen Wattleistung zu lang.
Alle Geräte haben eine sogenannte Auftaustufe zum schonenden Entfrosten tiefgefrorener Lebensmittel.
Bei Kombinationsgeräten können zusätzlich zur Mikrowelle andere Funktionen zugeschaltet werden, nämlich Grill, Umluft oder Ober- und Unterhitze. In diesen Geräten können Gerichte zubereitet werden, die nicht nur schnell gar, sondern auch braun werden sollen, wie zum Beispiel Kuchen oder Gratins.
Einige Kombinationsgeräte sind mit festen Garprogrammen ausgestattet. Wattleistung und Gradeinstellung können in diesem Fall also nicht frei gewählt werden. Angaben über die Zusammensetzung dieser Programme fehlen häufig in den Gebrauchsanweisungen, können jedoch beim Hersteller erfragt werden.

Das geeignete Geschirr

Sie müssen sich sicher kein komplett neues Geschirrsortiment zulegen. Vieles, was sie bereits besitzen, können Sie auch in der Mikrowelle verwenden: Teller, Platten und Formen aus Glas, Porzellan (ohne Metalldekor) und Keramik sind fast immer geeignet. Wenn Sie unsicher sind, machen Sie den Geschirrtest.

Geschirrtest
Stellen Sie das leere Geschirr bei 600 Watt für 1/2 Minute in das Gerät. Bleibt es kalt oder erwärmt sich nur leicht, können Sie es bedenkenlos verwenden. Geschirr, das heiß wird, ist nicht geeignet.

Terrine, Schüssel, Tasse, Teller – alle Formen lassen sich in der Mikrowelle verwenden – vorausgesetzt sie sind aus Glas, Porzellan oder Keramik.

Glasgeschirr
Mikrowellen können Glas ohne Energieverlust durchdringen. Dies verkürzt die Garzeit. Zusätzlicher Vorteil: Sie können den Garvorgang ständig beobachten.
Zu dünnes Glas oder solches mit auch nur kleinsten Sprüngen sollten Sie jedoch nicht verwenden, es könnte während des Garens, oder nachdem Sie es aus dem Gerät genommen haben, platzen.

Keramik, Steingut und Ton
Diese Materialien eignen sich gut für die Mikrowelle, wenn die Formen keine metallhaltige Glasur oder kein metallhaltiges Dekor haben. Außerdem sollte die Glasur gleichmäßig aufgetragen sein, sonst könnte das Geschirr Risse bekommen. Es empfiehlt sich, den Geschirrtest zu machen, wenn das Geschirr nicht ausdrücklich als mikrowellengeeignet deklariert wird.

Kunststoff
Es gibt speziell für Mikrowellen-Sologeräte entwickeltes Kunststoffgeschirr, das bis zu 65° hitzebeständig ist. Dieses Geschirr ist jedoch nicht für den Einsatz in Kombinationsgeräten gemacht, es würde schmelzen. Ein großer Vorteil von Kunststoffgeschirr ist, daß Lebensmittel darin eingefroren, aufgetaut und zubereitet werden können.

Porzellan
Porzellangeschirr ohne metallhaltiges Dekor und ohne metallhaltige Glasur ist für Mikrowellen-Sologeräte gut geeignet. Nicht verwendet werden darf Geschirr mit Goldrand oder ähnlichem. Die Wellen würden von den Metallteilen reflektiert, es könnte zu Funkenbildung kommen, und das Dekor würde sich unter Umständen ablösen.
Für Mikrowellen-Kombinationsgeräte dürfen Sie nur feuerfestes Porzellan nehmen. Also immer auf die Hinweise des Herstellers achten!

Backformen
Da beim Backen fast immer eine schöne braune Oberfläche erwünscht ist, empfiehlt sich Backen eigentlich nur in Mikrowellen-Kombinationsgeräten. Hier erzielen Sie mit Formen aus Schwarzblech und mit schwarz beschichteten Formen gute Resultate. Denn durch die gute Wärmeleitung wird auch der Boden des Gebäcks in der kurzen Backzeit knusprig braun. Achten sie jedoch unbedingt darauf, daß die Formen nicht mit den Wänden des Garraumes in Berührung kommen.

Klarsichtfolie
Sie eignet sich hervorragend zum Abdecken von Speisen, wenn Sie keine Form mit Deckel besitzen.
Die Folie sollten Sie mehrmals mit einer Gabel einstechen, damit der entstehende Dampf entweichen kann.
Dünne Folie kann bei längeren Garzeiten durch den heißen Dampf schmelzen. Am besten nehmen Sie eine spezielle Mikrowellenfolie, die bis 140° hitzebeständig ist. Diese Folie ist bereits mit Löchern versehen, durch die der Dampf entweichen kann. Klarsichtfolien und Mikrowellenfolien können nur beim Mikrowellen-Solobetrieb verwendet werden.

Alufolie
Sie besteht aus Metall und läßt deshalb die Mikrowellen nicht durch. Diese Tatsache können Sie sich beispielsweise dann zunutze machen, wenn Sie Geflügel im Ganzen garen möchten. Sie können nach einer gewissen Zeit die Teile, die bereits gar sind, mit Alufolie abdecken und so verhindern, daß sie übergaren und trocken werden.

Einige wichtige Tips

Erwärmen
In vielen Familien ist es wochentags oft unmöglich, daß alle gleichzeitig essen. Fertige Gerichte lassen sich gut portionsweise erwärmen. Dazu das Gericht auf dem Teller bei 600 Watt etwa 2 Minuten erwärmen. Wenn Sie das Gericht mit Klarsichtfolie abdecken, verhindert dies das Austrocknen der oberen Schicht.

Lebensmittel mit Schale
Lebensmittel mit Schale wie Kartoffeln, Tomaten oder ganze Paprikaschoten müssen Sie vor dem Garen mehrmals mit einer Gabel einstechen. Die Schale platzt sonst durch den großen Druck, der im Inneren des Lebensmittels entsteht.

Mandeln häuten: Die Mandeln mit heißem Wasser überbrühen, kalt abschrecken, an den dicken Enden fassen und aus den Häuten schnippen.

Beim Garen von Spiegeleiern das Eigelb vor dem Garen mehrmals vorsichtig mit einer Nadel anstechen.

So können Sie den Siedeverzug vermeiden. Geben Sie beim Erwärmen ein Glasstäbchen in die Flüssigkeit.

Eier dürfen Sie niemals in der Schale garen! Bei Spiegeleiern müssen Sie das Eigelb vor dem Garen vorsichtig aufstechen.

Mandeln häuten

Die Mandeln mit heißem Wasser in eine mikrowellengeeignete Schüssel geben und bei 600 Watt erhitzen. 100 g Mandeln brauchen etwa 1 Minute. Die Mandeln dann kalt abschrecken und aus den Häuten drücken.

Salz zufügen

Wenn an der Oberfläche des Gerichtes ein Salzkorn liegt, entzieht es dem Lebensmittel an dieser Stelle Wasser – das Lebensmittel könnte trocken werden. Deshalb Salz immer gut untermischen.

Schokolade schmelzen

Ohne Anbrennen und aufwendiges Wasserbad läßt sich Schokolade in Minutenschnelle im Mikrowellengerät schmelzen. 100 g brauchen bei 600 Watt etwa 1 1/2 Minuten. Zwischendurch einmal umrühren.

Siedeverzug

Beim Erwärmen von Flüssigkeiten kann es zu einem sogenannten Siedeverzug kommen. Das heißt, die Flüssigkeit fängt erst an zu kochen, wenn sie schon aus dem Gerät genommen wurde. Um Verbrennungen zu vermeiden, lassen Sie die Flüssigkeit entweder noch für kurze Zeit im Gerät stehen, bevor Sie sie herausnehmen, oder aber Sie geben beim Erhitzen ein Glasstäbchen in das Gefäß. Dadurch verteilt sich die Wärme gleichmäßiger.

Stehzeit

Lassen Sie die Gerichte vor dem Servieren etwa 2 Minuten stehen, damit sich die Hitze gleichmäßig verteilen kann. Das erübrigt sich, wenn Sie während des Garens umrühren. Wenn Sie empfindliche Lebensmittel auftauen möchten, sollten Sie diese nur antauen. Während der Stehzeit tauen sie dann vollkommen auf. Die Zeitangaben dafür finden Sie in der Gebrauchsanleitung oder im Rezeptheft, das Ihrem Gerät beiliegt.

Umrühren

Durch Umrühren verteilt sich die Wärme besser im Lebensmittel. Besonders wichtig ist dies bei Geräten mit Drehteller, denn in die Mitte des Drehtellers gelangt relativ wenig Energie. Beim Aufwärmen ohne Umrühren ist das Gericht in der Mitte oft fast kalt, während es am Rand sehr heiß ist.

Zanderterrine mit Kerbel

Terrinen gelingen im Mikrowellengerät besonders gut: Das aufwendige und komplizierte Garen im Wasserbad entfällt, und die Terrinen sind in etwa einem Viertel der gewohnten Zeit fertig gegart. Allerdings brauchen Sie ein Gerät mit mehreren Leistungsstufen, da Terrinen bei höchster Leistungsstufe nicht so gleichmäßig garen.

Zutaten für 8–10 Personen:
600 g Zanderfilets
1 unbehandelte Zitrone
1 Bund Dill
1 Handvoll frischer Kerbel
400 g Sahne
1 Eßl. Cognac
1 Ei · Salz
weißer Pfeffer, frisch gemahlen
etwas Cayennepfeffer
250 g Rotzungenfilets
Zum Garnieren: Zitronenscheiben und Dillsträußchen

Für Gäste

Bei 8 Personen pro Portion etwa:
1100 kJ/ 260 kcal
22 g Eiweiß · 18 g Fett
3 g Kohlenhydrate

• Zubereitungszeit: etwa 1 Stunde

1. Die Zanderfilets mit einer Pinzette von allen Gräten befreien, kalt abspülen, trockentupfen und in kleine Würfel schneiden. Die Fischwürfel im Mixer fein pürieren oder zweimal durch den Fleischwolf drehen.

2. Die Zitrone heiß waschen und abtrocknen. Etwas Schale dünn abschneiden und fein hacken. Die Zitrone dann auspressen. Die Kräuter waschen, trockenschwenken und ohne die groben Stiele sehr fein hacken.

3. Etwa 125 g Sahne steif schlagen. Die restliche Sahne mit dem Fischpüree, dem Zitronensaft und der Zitronenschale, den Kräutern, dem Cognac und dem Ei in einer Schüssel verrühren. Die Masse mit Salz, Pfeffer und Cayennepfeffer abschmecken.

4. Die Schüssel in eine zweite, größere Schüssel mit eiskaltem Wasser und einigen Eiswürfeln stellen. Die Masse 1–2 Minuten gründlich durchrühren; sie wird durch die Kälte in der Konsistenz feiner. Die geschlagene Sahne unterheben.

5. Eine mikrowellengeeignete Terrinenform mit Deckel mit gefettetem Pergamentpapier auskleiden. Die Häfte der Fischmasse hineinfüllen und glattstreichen. Die Form einige Male auf die Arbeitsfläche klopfen (ein Geschirrtuch darunter legen), damit die Luft aus der Fischmasse entweichen kann und sich beim Garen keine Löcher bilden.

6. Die Rotzungenfilets mit Salz und Pfeffer würzen und auf die Fischmasse legen. Die restliche Zandermasse darauf verteilen und glattstreichen. Die Form noch einmal auf die Arbeitsfläche klopfen.

7. Die Terrine zudecken und bei 600 Watt 4 Minuten vorgaren. Dann bei 360 Watt in etwa 16 Minuten fertig garen. Sie ist durchgegart, wenn klarer Saft austritt.

8. Die Terrine in der Form einige Minuten stehenlassen, dann den Saft vorsichtig abgießen. Die Terrine entweder warm oder abgekühlt mit Zitronenscheiben und Dillsträußchen garniert servieren. Dazu schmeckt Stangenweißbrot und eventuell gemischter Blattsalat mit Kräuter-Dressing.

Tip!

Versuchen Sie die Terrine statt mit Zander auch einmal mit Lachs oder Seezunge.

Die zarte Zanderterrine gelingt in der Mikrowelle besonders leicht.

Gefüllte Tomaten

Anstelle von Schafkäse können Sie auch Mozzarella verwenden. Wenn Sie ein Kombinationsgerät besitzen, garen Sie die Tomaten bei 360 Watt und zugeschaltetem Grill etwa 10 Minuten, bis sie schön gebräunt sind.

Zutaten für 2 Personen:
2 mittelgroße Tomaten (etwa 200 g)
je 1/2 Bund Basilikum und Petersilie
1 Knoblauchzehe
50 g schnittfester Schafkäse
1/2 Eßl. Olivenöl
Salz
schwarzer Pfeffer, frisch gemahlen
1 Prise Zucker

Preiswert • Schnell

Pro Portion etwa:
440 kJ/100 kcal
5 g Eiweiß · 8 g Fett
4 g Kohlenhydrate

- Zubereitungszeit: etwa 20 Minuten

1. Die Tomaten waschen, abtrocknen und quer zu den Samenkammern halbieren. Das Fruchtfleisch mit einem Teelöffel herauslösen und kleinhacken. Die Kräuter waschen, trockenschwenken und ohne die groben Stiele kleinhacken. Die Knoblauchzehe schälen und durch die Knoblauchpresse drücken. Den Käse in kleine Würfel schneiden.

2. Das gehackte Tomatenfleisch mit den Kräutern, dem Knoblauch, dem Käse und dem Öl vermischen und mit Salz, Pfeffer und dem Zucker würzen.

3. Die Masse mit einem Teelöffel in die ausgehöhlten Tomaten füllen.

4. Die Tomaten auf einen mikrowellengeeigneten Teller stellen und offen bei 600 Watt etwa 6 Minuten garen, bis der Käse zerlaufen ist. Die Tomaten heiß oder lauwarm abgekühlt servieren.

Gefüllte Pilze mit Gorgonzola

Auch die Pilze gelingen gut im Kombigerät: Bei 360 Watt und mittlerer Grillstufe brauchen sie etwa 11 Minuten.

Zutaten für 4 Personen:
400 g größere, gleich große
Champignons oder Egerlinge
50 g Pistazienkerne
50 g Gorgonzola
1 kleine Tomate
1/2 Bund Petersilie
Salz
weißer Pfeffer, frisch gemahlen

Vegetarisch

Pro Portion etwa:
590 kJ/ 140 kcal
8 g Eiweiß · 11 g Fett
3 g Kohlenhydrate

- Zubereitungszeit: etwa 30 Minuten

1. Die Pilze mit einem feuchten Tuch abreiben, dann putzen. Die Stiele aus den Köpfen brechen und fein hacken. Die Pistazien auf ein Holzbrett geben und mit einem großen, schweren Messer fein hacken. Den Käse in kleine Würfel schneiden. Die Tomate waschen und eventuell häuten, dann ebenfalls würfeln, dabei den Stielansatz entfernen. Die Petersilie waschen, trockenschwenken und ohne die groben Stiele sehr fein hacken.

2. Die gehackten Pilzstiele, die Pistazien, den Käse, die Tomate und die Petersilie mischen und mit Salz und Pfeffer pikant abschmecken. Die Masse in die Pilzhüte füllen.

3. Die Pilze in eine mikrowellengeeignete Form geben und bei 600 Watt etwa 8 Minuten garen, bis der Käse zerlaufen ist. Die Pilze heiß oder abgekühlt servieren.

Im Bild vorne: Gefüllte Tomaten
Im Bild hinten:
Gefüllte Pilze mit Gorgonzola

Fenchelflan mit Meerrettichsauce

Statt Fenchel können Sie für die Flans auch rote Beten, Kohlrabi oder Möhren verwenden.

Zutaten für 4 Personen:
300 g Fenchel (geputzt gewogen)
20 g kalte Butter
1 Ei
1 Eigelb
50 g gekühlte Sahne
Salz
schwarzer Pfeffer, frisch gemahlen
etwas abgeriebene Schale von
1 unbehandelten Zitrone
Butter zum Einfetten
1 Stück frischer Meerrettich
(etwa 1 cm lang)
1/2 säuerlicher Apfel
1 Bund Schnittlauch
150 g saure Sahne
1 Eßl. Crème fraîche

Raffiniert

Pro Portion etwa:
1200 kJ/ 290 kcal
7 g Eiweiß · 24 g Fett
8 g Kohlenhydrate

- Zubereitungszeit: etwa 1 Stunde

1. Den Fenchel waschen und vierteln. Den Strunk keilförmig herausschneiden und die Viertel in feine Streifen schneiden. Das zarte Fenchelgrün beiseite legen.

2. Die Fenchelstreifen mit etwa 6 Eßlöffeln Wasser in eine mikrowellengeeignete Form mit Deckel geben und zugedeckt bei 600 Watt in etwa 8 Minuten weich garen. Dabei einmal umrühren.

3. Inzwischen das Fenchelgrün waschen, trockenschwenken und fein hacken. Den gegarten Fenchel gründlich kalt abschrecken, abtropfen und abkühlen lassen.

4. Den Fenchel dann mit der Butter im Mixer pürieren. Das Püree mit dem Ei, dem Eigelb und der Sahne gründlich verrühren und mit Salz, Pfeffer und der Zitronenschale abschmecken. Das Fenchelgrün untermischen.

5. Vier mikrowellengeeignete Förmchen von je etwa 175 ml Inhalt gründlich mit Butter ausstreichen. Die Fenchelmasse in die Förmchen füllen und diese mit Klarsichtfolie abdecken. Die Folie mit einer Nadel jeweils mehrmals einstechen, damit der Dampf beim Garen entweichen kann.

6. Für die Sauce den Meerrettich schälen, waschen und auf der Rohkostreibe fein raspeln. Den Apfel schälen, vom Kerngehäuse befreien und ebenfalls fein raspeln. Den Schnittlauch waschen, trockenschwenken und in feine Röllchen schneiden.

7. Den Meerrettich, den Apfel und den Schnittlauch mit der sauren Sahne sowie der Crème fraîche verrühren und mit Salz und Pfeffer abschmecken.

8. Die Förmchen kreisförmig in das Mikrowellengerät stellen. Die Flans bei 360 Watt etwa 7 Minuten garen, bis die Masse gestockt ist. Die Flans vorsichtig auf Teller stürzen und mit der Meerrettichsauce servieren.

Tip!

Alles was beim herkömmlichen Garen im Wasserbad zubereitet wird, gelingt im Mikrowellengerät ganz ausgezeichnet, und zwar in etwa einem Viertel der gewohnten Zeit. Allerdings darf die Wattleistung nicht zu hoch sein, Sie benötigen also ein Gerät mit verschiedenen Leistungsstufen.

Variante:
Statt der Meerrettichsauce schmeckt auch eine einfache Kräuter-Crème-fraîche. Verrühren Sie dafür Crème fraîche mit etwas Zitronensaft und Senf. Mischen Sie etwa 1 Eßlöffel gemischte, gehackte Kräuter unter. Die Sauce dann mit Salz, frisch gemahlenem weißem Pfeffer und eventuell 1 durchgepreßten Knoblauchzehe abschmecken und bis zum Servieren in den Kühlschrank stellen.

Tomaten-cremesuppe mit Kräutern

Wenn Sie diese Suppe einmal abwandeln möchten, geben Sie Garnelen oder kleingeschnittenes Fischfilet mit der Crème fraîche in die Suppe und erhitzen Sie diese noch einmal etwa 2 Minuten.

Zutaten für 2 Personen:
500 g Tomaten
1 Schalotte
1 Knoblauchzehe
je 1/2 Bund frischer Thymian und Petersilie
einige Blättchen frischer Majoran
1/2 Eßl. Olivenöl
1/8 l Fleisch- oder Gemüsebrühe
Salz
weißer Pfeffer, frisch gemahlen
1 Prise Zucker
1–2 Eßl. Crème fraîche

Gelingt leicht

Pro Portion etwa:
420 kJ/ 100 kcal
4 g Eiweiß · 5 g Fett
10 g Kohlenhydrate

- Zubereitungszeit: etwa 35 Minuten

1. Die Tomaten mit kochendem Wasser überbrühen, kurz darin ziehen lassen, kalt abschrecken und häuten. Die Tomaten in kleine Würfel schneiden, dabei die Stielansätze entfernen. Die Schalotte und den Knoblauch schälen und fein hacken. Die Kräuter waschen und trockenschwenken. Die Thymianblättchen von den Stielen streifen, die restlichen Kräuter ohne die groben Stiele fein hacken.

2. Die Schalotte und den Knoblauch mit dem Öl in eine mikrowellengeeignete Form mit Deckel geben und offen bei 600 Watt etwa 1 Minute andünsten.

3. Die Tomaten, die Brühe und die Kräuter hinzufügen, mit Salz, Pfeffer und dem Zucker würzen und alles zugedeckt bei 600 Watt in etwa 6 Minuten erhitzen.

4. Die Suppe noch einmal mit Salz und Pfeffer abschmecken. Die Crème fraîche unterrühren. Die Tomatensuppe sofort in vorgewärmte Teller füllen und servieren.

Spargelcreme-suppe

Zutaten für 3 Personen:
500 g weißer Spargel
400 ml Wasser
Salz
1 Prise Zucker
1 Handvoll frischer Kerbel
2 Eßl. Sahne
weißer Pfeffer, frisch gemahlen

Gelingt leicht

Pro Portion etwa:
110 kJ/ 26 kcal
3 g Eiweiß · 2 g Fett
3 g Kohlenhydrate

- Zubereitungszeit: etwa 30 Minuten

1. Den Spargel waschen, von den holzigen Schnittstellen befreien und von oben nach unten gründlich schälen. Dann in Stücke schneiden, die Köpfe beiseite legen.

2. Die Spargelstücke mit dem Wasser, Salz und dem Zucker in eine mikrowellengeeignete Form mit Deckel geben, umrühren und zugedeckt bei 600 Watt etwa 8 Minuten garen.

3. Die Spargelköpfchen dazugeben und alles noch etwa 6 Minuten bei 600 Watt garen, bis der Spargel weich ist.

4. Inzwischen den Kerbel verlesen, waschen und gründlich trockenschwenken, fein hacken und beiseite stellen.

5. Die Spargelköpfchen aus der Brühe nehmen und beiseite legen. Den restlichen Spargel mit der Garflüssigkeit pürieren, wieder in die Form geben. Die Sahne und die Spargelköpfchen untermischen. Die Suppe mit Salz und Pfeffer abschmekken. Dann zugedeckt bei 600 Watt noch einmal 2 Minuten erhitzen.

6. Die fertige Suppe mit dem Kerbel bestreuen und sofort servieren. Dazu schmecken Croûtons.

Im Bild vorne: Tomatencremesuppe mit Kräutern
Im Bild hinten: Spargelcremesuppe

Kartoffelsuppe mit Lauch

Nehmen Sie für diese Suppe besser eine mehligkochende Kartoffelsorte wie zum Beispiel Irmgard oder Maritta, die Suppe wird dann schön sämig.

Zutaten für 2–3 Personen:
300 g Kartoffeln
1 Stange Lauch (etwa 200 g)
1 Eßl. Butter
300 ml Gemüse- oder Fleischbrühe
3 Eßl. Sahne · Salz
weißer Pfeffer, frisch gemahlen
1 Prise Muskatnuß, frisch gerieben
1/2 Bund Schnittlauch

Preiswert

Bei 2 Personen pro Portion etwa:
950 kJ/ 230 kcal
6 g Eiweiß · 10 g Fett
27 g Kohlenhydrate

- Zubereitungszeit: etwa 35 Minuten

1. Die Kartoffeln schälen, waschen und in kleine Würfel schneiden. Den Lauch putzen, gründlich unter fließendem kaltem Wasser abspülen und in feine Ringe schneiden.
2. Die Kartoffeln und den Lauch mit der in Stücke geteilten Butter in eine mikrowellengeeignete Form mit Deckel geben und offen bei 600 Watt etwa 2 Minuten garen.

3. Die Gemüse- oder Fleischbrühe sowie die Sahne unterrühren. Die Suppe mit Salz, Pfeffer und dem Muskat abschmecken und zugedeckt bei 600 Watt etwa 12 Minuten garen, bis die Kartoffeln weich sind. Dabei ein- bis zweimal gründlich durchrühren.

4. Inzwischen den Schnittlauch waschen, gründlich trockenschwenken und in feine Röllchen schneiden.

5. Die Suppe mit dem Schnittlauch bestreut servieren.

Scharfe Paprikasuppe

Zutaten für 2 Personen:
je 1 kleine rote, grüne und gelbe
Paprikaschote
(zusammen etwa 450 g)
1 Zwiebel · 1 Knoblauchzehe
1/2 Eßl. Olivenöl
1/2 l Gemüse- oder Fleischbrühe
Salz
1/2 Teel. Rosenpaprikapulver
1 1/2 Teel. edelsüßes Paprikapulver
2 Eßl. saure Sahne

Gelingt leicht

Pro Portion etwa:
490 kJ/ 120 kcal
5 g Eiweiß · 6 g Fett
11 g Kohlenhydrate

- Zubereitungszeit: etwa 40 Minuten

1. Die Paprikaschoten waschen und halbieren. Die Stielansätze sowie die Trennwände mit den Kernen entfernen und die Schotenhälften in Streifen schneiden. Die Zwiebel und den Knoblauch schälen und sehr fein hacken.

2. Die Zwiebel und den Knoblauch mit dem Öl in eine mikrowellengeeignete Form mit Deckel geben und bei 600 Watt etwa 1 Minute andünsten.

3. Dann die Paprikaschoten mit der Gemüse- oder Fleischbrühe hinzufügen und alles zugedeckt bei 600 Watt etwa 7 Minuten garen, bis die Streifen bißfest sind.

4. Die Suppe mit Salz, dem Rosenpaprika und dem edelsüßen Paprika abschmecken und in vorgewärmte Teller füllen. Jeweils 1 Eßlöffel saure Sahne auf die Suppe geben.

Bild oben: Kartoffelsuppe mit Lauch
Bild unten: Scharfe Paprikasuppe

Goldbarsch mit Zitronenbutter

Statt Goldbarsch können Sie auch Zander-, Schollen- oder Seeteufelfilets verwenden.

Zutaten für 3 Personen:
600 g Goldbarschfilets
1 Zitrone
Salz
weißer Pfeffer, frisch gemahlen
je 1 Bund Dill und Schnittlauch
60 g weiche Butter

Schnell • Preiswert

Pro Portion etwa:
1600 kJ/ 380 kcal
37 g Eiweiß · 24 g Fett
3 g Kohlenhydrate

- Zubereitungszeit: etwa 20 Minuten

1. Die Goldbarschfilets kalt abspülen und gründlich trockentupfen. Die Fischfilets mit einem scharfen, biegsamen Messer der Länge nach einmal vorsichtig durchschneiden, so daß jeweils zwei dünne Scheiben entstehen.

2. Die Zitrone schälen, dabei auch die weißen Häutchen möglichst gründlich entfernen. Das Fruchtfleisch in kleine Würfel schneiden.

3. Die Fischfilets mit Salz und Pfeffer würzen. Die Kräuter waschen und trockenschwenken. Den Dill ohne die groben Stiele sehr fein hacken, den Schnittlauch fein schneiden.

4. Die Butter mit einer Gabel verkneten und mit den Kräutern und den Zitronenwürfeln mischen.

5. Die Goldbarschscheiben nebeneinander in eine mikrowellengeeignete Form mit Deckel geben und mit kleinen Stükken der Zitronenbutter belegen.

6. Die Fischscheiben zugedeckt bei 600 Watt etwa 5 1/2 Minuten garen. Die Fischscheiben auf vorgewärmte Teller verteilen und sofort servieren. Dazu schmecken Stangenweißbrot oder gebratene neue Kartoffeln und gemischter Salat.

Lachs in Tomatensauce

Zutaten für 2–3 Personen:
400 g Lachsfilets
Saft von 1/2 kleinen Zitrone
300 g Tomaten
1 Bund Basilikum
100 g Crème fraîche
Salz
weißer Pfeffer, frisch gemahlen

Raffiniert • Gelingt leicht

Bei 2 Personen pro Portion etwa:
1700 kJ/ 400 kcal
29 g Eiweiß · 29 g Fett
5 g Kohlenhydrate

- Zubereitungszeit: etwa 30 Minuten

1. Den Lachs kalt abspülen und gründlich trockentupfen. Mit einer Pinzette eventuell vorhandene Gräten herausziehen. Das Fischfleisch dann in mundgerechte Stücke schneiden. In einer Schüssel mit dem Zitronensaft mischen und zugedeckt beiseite stellen.

2. Die Tomaten mit kochendem Wasser überbrühen, kurz darin ziehen lassen, kalt abschrecken und häuten. Die Tomaten in sehr kleine Würfel schneiden, dabei die Stielansätze entfernen. Das Basilikum waschen und trockenschwenken. Die Blättchen von den Stielen zupfen und in schmale Streifen schneiden.

3. Die Crème fraîche mit den Tomaten und dem Basilikum mischen und mit Salz und Pfeffer pikant würzen.

4. Den Lachs ebenfalls mit etwas Salz und Pfeffer würzen und in eine mikrowellengeeignete Form mit Deckel geben.

5. Die Tomatensauce darüber verteilen. Den Lachs zugedeckt bei 600 Watt etwa 5 Minuten garen. Dabei einmal vorsichtig durchmischen. Den Lachs mit der Tomatensauce auf vorgewärmten Tellern anrichten und servieren.

Im Bild vorne: Lachs in Tomatensauce
Im Bild hinten: Goldbarsch mit Zitronenbutter

Schollenfilets mit Senfsauce

Zutaten für 4 Personen:
100 g Crème fraîche
100 g Sahne
2 Teel. scharfer Senf (zum Beispiel Dijonsenf)
1 Messerspitze englisches Senfpulver
1 Eßl. trockener Sherry
Salz
weißer Pfeffer, frisch gemahlen
8 Schollenfilets von je etwa 80 g
1/2 Eßl. Zitronensaft
1 Bund Petersilie

Raffiniert

Pro Portion etwa:
1200 kJ/ 290 kcal
29 g Eiweiß · 17 g Fett
2 g Kohlenhydrate

- Zubereitungszeit: etwa 30 Minuten

1. Mit einem Schneebesen die Crème fraîche mit der Sahne, dem Senf, dem Senfpulver und dem Sherry gründlich verrühren und mit Salz und Pfeffer pikant abschmecken.

2. Die Schollenfilets kalt abspülen, gründlich trockentupfen und möglichst nebeneinander in eine mikrowellengeeignete Form mit Deckel legen.

3. Die Schollenfilets mit dem Zitronensaft beträufeln. Die Senfsauce darüber verteilen.

5. Die Schollenfilets zugedeckt bei 600 Watt etwa 5 Minuten garen. Dabei nach der Hälfte der Zeit die äußeren Filets vorsichtig nach innen legen und umgekehrt.

6. Inzwischen die Petersilie waschen und trockentupfen. Die Blättchen von den Stielen zupfen und fein hacken.

7. Die Schollenfilets mit der Sauce auf vorgewärmten Tellern anrichten und mit der Petersilie bestreut servieren. Dazu schmecken Reis mit kleinenTomatenwürfeln oder Salzkartoffeln.

Garnelen in Kräutersahne

Zutaten für 2–3 Personen:
400 g Garnelen
1 Eßl. Zitronensaft
1 Schalotte
je 1/2 Bund Dill und Petersilie
einige Blättchen frische Zitronenmelisse
150 g Sahne
Salz
weißer Pfeffer, frisch gemahlen

Schnell

Bei 2 Personen pro Portion etwa:
1700 kJ/ 400 kcal
40 g Eiweiß · 27 g Fett
5 g Kohlenhydrate

- Zubereitungszeit: etwa 20 Minuten

1. Die Garnelen gründlich mit kaltem Wasser abspülen und trockentupfen, dann mit dem Zitronensaft beträufeln und zugedeckt beiseite stellen.

2. Die Schalotte schälen und fein würfeln. Die Kräuter waschen, trockentupfen und ohne die groben Stiele fein hacken.

3. Die Schalotte, die Kräuter und die Sahne in einer mikrowellengeeigneten Form mit Deckel verrühren und mit Salz und Pfeffer würzen.

4. Die Sauce offen bei 600 Watt in etwa 3 Minuten erhitzen.

5. Die Garnelen in die Sauce legen, mit etwas Sauce beschöpfen und zugedeckt bei 600 Watt etwa 3 Minuten garen. Dabei einmal umrühren. Die Garnelen sofort servieren. Dazu schmeckt Reis.

Tip!

Die Zeitangaben bei den Rezepten sind nur Richtwerte, also nicht auf die Sekunde verbindlich. Selbst Geräte mit gleicher Wattleistung erbringen oft unterschiedliche Ergebnisse, und bei älteren Modellen läßt die Leistung mit der Zeit etwas nach. Deshalb müssen Sie manche Gerichte eventuell kurz nachgaren.

Im Bild vorne: Garnelen in Kräutersahne
Im Bild hinten: Schollenfilets mit Senfsauce

Seeteufel mit Spinat

Zutaten für 2 Personen:
300 g Spinat
1 kleine Zwiebel
1 Knoblauchzehe
1 Eßl. Butter
75 g Sahne
Salz
weißer Pfeffer, frisch gemahlen
2 Seeteufelkoteletts von je
etwa 180 g
1 Eßl. Zitronensaft
1/2 Bund Petersilie

Raffiniert • Gelingt leicht

Pro Portion etwa:
1400 kJ/ 330 kcal
31 g Eiweiß · 19 g Fett
6 g Kohlenhydrate

- Zubereitungszeit: etwa 40 Minuten

1. Den Spinat von allen welken Blättern und den groben Stielen befreien, dann mehrmals gründlich in stehendem kaltem Wasser waschen. Den Spinat abtropfen lassen und grob hacken. Die Zwiebel und den Knoblauch schälen und fein hacken.

2. Die Zwiebel und den Knoblauch mit der Butter in einer mikrowellengeeigneten Form mit Deckel mischen und offen bei 600 Watt etwa 2 Minuten andünsten.

3. Die Sahne und den Spinat dazugeben, mit Salz und Pfeffer abschmecken und zugedeckt bei 600 Watt etwa 4 Minuten garen, bis der Spinat zusammengefallen ist. Dabei einmal durchrühren.

4. Die Seeteufelkoteletts kalt abspülen und trockentupfen, dann mit dem Zitronensaft, Salz und Pfeffer würzen.

5. Die Seeteufelkoteletts auf den Spinat legen und zugedeckt bei 600 Watt etwa 6 Minuten garen. Dabei einmal wenden.

6. Die Petersilie waschen, fein hacken und den Seeteufel damit bestreuen. Dazu schmekken Salzkartoffeln.

Kabeljau mit Wurzelgemüse

Zutaten für 4 Personen:
800 g Kabeljau (Schwanzstück)
Saft von 1 kleinen Zitrone
je 150 g Möhren und
Knollensellerie
1 Stange Lauch
1 Bund Petersilie
1 Eßl. Wasser
50 ml trockener Weißwein
Salz
weißer Pfeffer, frisch gemahlen
1 Bund Dill

Preiswert • Gelingt leicht

Pro Portion etwa:
790 kJ/ 190 kcal
37 g Eiweiß · 1 g Fett
6 g Kohlenhydrate

- Zubereitungszeit: etwa 45 Minuten

1. Den Kabeljau kalt abspülen, trockentupfen und mit dem Zitronensaft beträufeln.

2. Die Möhren und den Sellerie schälen und waschen, dann klein würfeln. Den Lauch waschen und mit dem zarten Grün in feine Ringe schneiden. Die Petersilie waschen, trockenschwenken und ohne die groben Stiele fein hacken.

3. Das Gemüse mit der Petersilie und dem Wasser in eine mikrowellengeeignete Form mit Deckel geben und zugedeckt bei 600 Watt etwa 4 Minuten vorgaren. Dabei einmal durchrühren.

4. Den Wein angießen und das Gemüse mit Salz und Pfeffer abschmecken. Den Kabeljau ebenfalls mit Salz und Pfeffer würzen und auf das Gemüse geben.

5. Den Kabeljau zugedeckt bei 490 Watt etwa 10 Minuten garen. Dabei nach etwa der Hälfte der Zeit wenden.

6. Inzwischen den Dill waschen, trockenschwenken und ohne die groben Stiele sehr fein hacken. Kabeljau und Gemüse mit dem Dill bestreut servieren. Dazu schmecken gebackene Plätzchen aus Kartoffelpüree.

Im Bild vorne: Kabeljau mit Wurzelgemüse
Im Bild hinten: Seeteufel mit Spinat

Zanderklößchen in Dillsauce

Zutaten für 3 Personen:
400 g Zanderfilets
2 Scheiben Toastbrot
1 Schalotte
1 Knoblauchzehe
1/2 unbehandelte Zitrone
1 Ei
Salz
weißer Pfeffer, frisch gemahlen
1 Bund Dill
200 g Sahne
2 Eßl. trockener Weißwein

Raffiniert
Braucht etwas Zeit

Pro Portion etwa:
1800 kJ/ 430 kcal
33 g Eiweiß · 27 g Fett
11 g Kohlenhydrate

- Zubereitungszeit: etwa 50 Minuten

1. Die Zanderfilets kalt abspülen und trockentupfen, dann in kleine Würfel schneiden. Das Toastbrot ebenfalls würfeln. Die Schalotte und die Knoblauchzehe schälen und grob hacken. Die Zitronenhälfte heiß abwaschen. Die Schale fein abreiben, die Zitrone dann auspressen.

2. Den Fisch, das Brot, die Schalotte und den Knoblauch im Blitzhacker oder Mixer fein pürieren. Die Fischmasse in eine Schüssel geben. Das Ei hinzufügen. Die Masse mit Salz, Pfeffer, der Zitronenschale und etwa 1 Eßlöffel Zitronensaft pikant würzen.

3. Alles gründlich durchkneten und zu walnußgroßen Bällchen formen.

4. Die Fischklößchen auf einem mikrowellengeeigneten leller anordnen und mit Klarsichtfolie abdecken. Die Folie mit einer Nadel mehrmals einstechen, damit der Dampf beim Garen entweichen kann.

5. Den Dill waschen, trockentupfen und ohne die groben Stiele fein hacken. Einen Teil des Dills zum Bestreuen des fertigen Gerichtes zugedeckt beiseite stellen.

6. Die Sahne mit dem Wein und dem restlichen Dill in einer mikrowellengeeigneten Form mit Deckel verrühren und mit Salz und Pfeffer würzen. Die Sauce bei 600 Watt zugedeckt in etwa 2 Minuten erwärmen. Die Sauce dann zugedeckt beiseite stellen.

7. Die Klößchen in das Gerät stellen und bei 600 Watt etwa 3 Minuten garen.

8. Die Klößchen in die Sauce geben und alles zusammen zugedeckt noch einmal etwa 1 Minute bei 600 Watt erhitzen. Die Fischklößchen mit der Sauce auf vorgewärmten Tellern anrichten und mit dem restlichen Dill bestreut sofort servieren. Dazu schmeckt Reis.

Tip!

Um festzustellen, ob Sie die Klößchenmasse ausreichend gewürzt haben, können Sie ein kleines Klößchen formen und etwa 20 Sekunden bei 600 Watt garen. Nehmen Sie für die Klößchen einmal Lachs, Goldbarsch oder Scholle. Eine feine Würze geben Estragon und Kerbel.

Hackfleischklößchen mit Fenchelgemüse

Zutaten für 2 Personen:
1 kleine rote Zwiebel
1/2 Bund Petersilie
200 g Rinderhackfleisch
1 Ei · Salz
schwarzer Pfeffer, frisch gemahlen
1 Fenchelknolle (etwa 400 g)
10 g Butter · 1 Eßl. Crème fraîche

Preiswert

Pro Portion etwa:
1800 kJ/ 430 kcal
34 g Eiweiß · 26 g Fett
14 g Kohlenhydrate

- Zubereitungszeit: etwa 40 Minuten

1. Die Zwiebel schälen und fein hacken. Die Petersilie waschen, trockenschwenken und ohne die groben Stiele ebenfalls fein hacken.

2. Das Hackfleisch mit der Zwiebel, der Petersilie und dem Ei zu einem formbaren Teig verkneten. Die Masse mit Salz und Pfeffer würzen und zu walnußgroßen Bällchen formen. Die Klößchen zugedeckt beiseite stellen.

3. Den Fenchel putzen, waschen und vierteln. Die Viertel von dem harten Strunk in der Mitte befreien, dann in schmale Streifen schneiden. Das zarte Fenchelgrün fein hacken.

4. Den Fenchel und das Fenchelgrün mit der in Stücke geteilten Butter in eine mikrowellengeeignete Form mit Deckel geben und offen bei 600 Watt etwa 2 Minuten andünsten.

5. 2 Eßlöffel Wasser hinzufügen und den Fenchel mit Salz und Pfeffer abschmecken. Den Fenchel zugedeckt bei 600 Watt in etwa 6 Minuten bißfest garen. Dabei einmal durchrühren.

6. Die Crème fraîche unter den Fenchel mischen. Die Klößchen auf dem Gemüse verteilen und zugedeckt bei 600 Watt etwa 4 Minuten garen, bis sie gleichmäßig hell gefärbt sind. Dazu schmecken Kartoffeln.

Lammcurry mit Bohnen

Zutaten für 2 Personen:
300 g grüne Bohnen
1 kleine Zwiebel
1 Knoblauchzehe
1/2 Bund Bohnenkraut
150 g Lammkeule ohne Knochen
10 g Butter
1 Eßl. Crème fraîche
3–4 Eßl. trockener Weißwein
Salz · 1/2 Teel. Gelbwurz
je 1/4 Teel. Cayennepfeffer, Kreuzkümmel, Koriander und Ingwerpulver

Raffiniert

Pro Portion etwa:
1300 kJ/ 310 kcal
18 g Eiweiß · 19 g Fett
12 g Kohlenhydrate

- Zubereitungszeit: etwa 40 Minuten

1. Die Bohnen putzen und waschen. Größere Bohnen ein- bis zweimal durchbrechen. Die Zwiebel und den Knoblauch schälen und fein hacken. Das Bohnenkraut waschen und die Blättchen von den Stielen zupfen.

2. Das Lammfleisch von Fett und Sehnen befreien und in schmale Streifen schneiden.

3. Die Bohnen mit dem Bohnenkraut, der Zwiebel, dem Knoblauch und der Butter in eine mikrowellengeeignete Form geben und offen bei 600 Watt etwa 2 Minuten dünsten.

4. Dann 2 Eßlöffel Wasser angießen und die Bohnen zugedeckt bei 600 Watt in etwa 8 Minuten bißfest garen. Dabei einmal umrühren.

5. Die Crème fraîche, den Wein und das Lammfleisch zufügen. Alle Gewürze untermischen und das Curry weitere 4 Minuten zugedeckt bei 600 Watt garen. Dabei einmal gründlich durchrühren. Dazu schmeckt Reis.

Im Bild vorne: Lammcurry mit Bohnen
Im Bild hinten: Hackfleischklößchen mit Fenchelgemüse

Hühner-frikassee mit Gemüse

Auch Puten- oder Kalbsschnitzel eignen sich für dieses Frikassee. Das Fleisch ebenfalls in Würfel schneiden; die Garzeit bleibt gleich.

Zutaten für 3 Personen:
100 g kleine Champignons
1 rote Paprikaschote
200 g enthülste Erbsen
(frisch oder tiefgefroren)
1 Eßl. Butter
2 doppelte entbeinte
Hühnerbrüstchen (etwa 350 g)
1/2 Eßl. Mehl
1/8 l Hühnerbrühe
125 g Sahne
Salz
weißer Pfeffer, frisch gemahlen
1 Eigelb
1–2 Eßl. Zitronensaft
1–2 Teel. Kapern (aus dem Glas)

Preiswert

Pro Portion etwa:
1500 kJ/ 360 kcal
33 g Eiweiß · 19 g Fett
11 g Kohlenhydrate

- Zubereitungszeit: etwa 40 Minuten

1. Die Pilze putzen und mit einem feuchten Küchentuch abwischen, dann vierteln. Die Paprikaschote waschen und halbieren. Den Stielansatz sowie die Trennwände mit den Kernen entfernen und die Schotenhälften in Streifen schneiden.

2. Die Pilze, die Paprikastreifen und die Erbsen mit der in kleine Stücke geteilten Butter in eine mikrowellengeeignete Form mit Deckel geben.

3. Das Gemüse offen bei 600 Watt etwa 4 Minuten vorgaren, dabei einmal gründlich durchrühren. Inzwischen das Hähnchenfleisch gegebenenfalls von der Haut befreien, kalt abspülen, trockentupfen und in mundgerechte Stücke schneiden.

4. Das Mehl unter das Gemüse mischen und alles offen etwa 1 Minute bei 600 Watt garen.

5. Die Hühnerbrühe und die Sahne dazugeben und unterrühren. Alles mit Salz und Pfeffer würzen und offen bei 600 Watt etwa 4 Minuten einkochen lassen, nach der Hälfte der Zeit einmal umrühren.

6. Die Hühnerstücke in die heiße Sauce geben und bei 600 Watt in etwa 4 Minuten zugedeckt garen, bis sie sich gleichmäßig hell gefärbt haben. Dabei ebenfalls einmal vorsichtig umrühren.

7. Inzwischen das Eigelb mit dem Zitronensaft verquirlen. Mit den Kapern unter das Hühnerfrikassee mischen und alles offen bei 360 Watt noch einmal 1/2 Minute erwärmen.

8. Das Frikassee eventuell noch einmal mit Salz und Pfeffer nachwürzen, dann auf vorgewärmten Tellern servieren. Dazu schmeckt körnig gegarter Reis.

Tip!

Auf vorgewärmten Tellern bleibt das Essen länger heiß. In der Mikrowelle geht es ganz leicht: die Teller mit einigen Tropfen Wasser beträufeln und etwa 1 Minute bei 600 Watt erwärmen.

Nicht nur ein Genuß für den Gaumen: zartes Hühnerfleisch mit aromatisch gegartem Gemüse.

Putenragout mit Tomaten und Zucchini

Zutaten für 3 Personen:
300 g Putenkeule ohne Knochen
Salz
schwarzer Pfeffer, frisch gemahlen
1 rote Zwiebel
1 Knoblauchzehe
1 Zucchino
300 g Tomaten
1/2 Bund Basilikum
1 Eßl. Crème fraîche

Gelingt leicht

Pro Portion etwa:
650 kJ/ 150 kcal
23 g Eiweiß · 4 g Fett
6 g Kohlenhydrate

- Zubereitungszeit: etwa 30 Minuten

1. Die Putenkeule kalt abspülen, trockentupfen und in kleine Stücke schneiden, dann mit Salz und Pfeffer würzen. Die Zwiebel und die Knoblauchzehe schälen und sehr fein hacken. Den Zucchino waschen, putzen und in Stifte schneiden. Die Tomaten mit kochendem Wasser überbrühen, kalt abschrecken und häuten. Die Tomaten in kleine Würfel schneiden, dabei die Stielansätze entfernen.

2. Die Zwiebel, den Knoblauch, die Zucchinistifte und die Tomaten in eine mikrowellengeeignete Form mit Deckel geben und zugedeckt bei 600 Watt etwa 5 Minuten garen. Dabei einmal umrühren.

3. Die Putenwürfel untermischen und alles zugedeckt bei 600 Watt weitere 4–5 Minuten garen, bis sich das Geflügelfleisch gleichmäßig hell gefärbt hat.

4. Inzwischen das Basilikum waschen, trockenschwenken und ohne die groben Stiele fein hacken. Das Putenragout mit der Crème fraîche verrühren und noch einmal mit Salz und Pfeffer abschmecken, dann auf vorgewärmte Teller verteilen und mit dem Basilikum bestreut möglichst sofort servieren. Dazu schmeckt Reis.

Schweinefilet in Kräutersahne

Zutaten für 2 Personen:
300 g Schweinefilet
1 Schalotte
1 Handvoll frischer Kerbel
1 Bund Petersilie
1/2 Bund Basilikum
1 Eßl. trockener Weißwein
125 g Sahne
Salz
weißer Pfeffer, frisch gemahlen

Gelingt leicht

Pro Portion etwa:
2000 kJ/ 480 kcal
30 g Eiweiß · 38 g Fett
4 g Kohlenhydrate

- Zubereitungszeit: etwa 30 Minuten

1. Das Schweinefilet gegebenenfalls von Sehnen und Fett befreien, dann in feine Streifen schneiden. Die Schalotte schälen und fein hacken.

2. Die Kräuter waschen und trockenschwenken. Den Kerbel verlesen, die Petersilien- und die Basilikumblätter von den Stielen zupfen. Die Kräuter fein hacken.

3. Die Schalotte und die Kräuter mit dem Wein und der Sahne in einer mikrowellengeeigneten Form mit Deckel verrühren und mit Salz und Pfeffer pikant würzen.

4. Die Kräutersahne offen bei 600 Watt etwa 3 Minuten garen, bis die Kräuter zusammengefallen sind. Dabei einmal durchrühren.

5. Die Fleischstreifen untermischen und zugedeckt bei 600 Watt in der Sauce in etwa 4 Minuten garen, bis sie gleichmäßig hell gefärbt sind. Dabei ebenfalls einmal gründlich umrühren.

6. Das Schweinefleisch eventuell noch einmal mit Salz und Pfeffer abschmecken, dann auf vorgewärmte Teller verteilen und sofort servieren. Dazu schmeckt Reis.

Im Bild vorne:
Schweinefilet in Kräutersahne
Im Bild hinten:
Putenragout mit Tomaten und Zucchini

Ratatouille

Zutaten für 3–4 Personen:
2 schlanke Auberginen
300 g junge Zucchini
300 g Paprikaschoten
300 g Tomaten
1 große Zwiebel
2 Knoblauchzehen
je einige Zweige frischer Rosmarin, Salbei und Thymian
3 Eßl. Olivenöl
1 Lorbeerblatt
Salz
weißer Pfeffer, frisch gemahlen
1 Prise Zucker

Spezialität aus Südfrankreich

Bei 3 Personen pro Portion etwa:
710 kJ/170 kcal
6 g Eiweiß · 9 g Fett
16 g Kohlenhydrate

- Zubereitungszeit: etwa 45 Minuten

1. Die Auberginen waschen und in kleine Würfel schneiden. Die Zucchini waschen und in Scheiben schneiden. Die Paprikaschoten waschen und putzen, dann in Streifen schneiden. Die Tomaten häuten und klein würfeln, dabei die Stielansätze entfernen. Die Zwiebel schälen und in feine Ringe schneiden. Die Knoblauchzehen schälen und fein hacken. Die Kräuter waschen und trockenschwenken. Den Rosmarin und den Salbei grob hacken, die Thymianblättchen von den Stielen streifen.

2. Die Auberginen mit dem Öl in eine große, mikrowellengeeignete Form mit Deckel geben und offen bei 600 Watt etwa 3 Minuten dünsten. Dabei einmal gründlich durchrühren.

3. Das restliche Gemüse, die Zwiebel, den Knoblauch, die Kräuter und das Lorbeerblatt hinzufügen.

4. Die Ratatouille mit Salz, Pfeffer und dem Zucker abschmecken und zugedeckt bei 600 Watt in etwa 12 Minuten bißfest garen. Dabei zweimal gründlich durchrühren. Das Gemüse kurz stehenlassen, dann das Lorbeerblatt entfernen. Dazu schmecken neue Kartoffeln oder (Knoblauch-) Brot.

Blumenkohl mit Schinken und Kräutern

Zutaten für 2–3 Personen:
1 mittelgroßer Blumenkohl (etwa 800 g)
Salz
100 g gekochter Schinken
1 Tomate
je 1/2 Bund Petersilie, Dill und Schnittlauch
100 g Crème fraîche
weißer Pfeffer, frisch gemahlen

Gelingt leicht • Preiswert

Bei 2 Personen pro Portion etwa:
1500 kJ/ 360 kcal
22 g Eiweiß · 24 g Fett
15 g Kohlenhydrate

- Zubereitungszeit: etwa 30 Minuten

1. Den Blumenkohl putzen, waschen und in die einzelnen Röschen teilen.

2. Den Blumenkohl mit 5 Eßlöffeln Wasser und Salz in eine mikrowellengeeignete Form mit Deckel geben und zugedeckt bei 600 Watt etwa 10 Minuten garen. Dabei einmal durchrühren.

3. Inzwischen den Schinken vom Fettrand befreien und in kleine Würfel schneiden. Die Tomate häuten und klein würfeln, dabei den Stielansatz herausschneiden. Die Kräuter waschen, trockenschwenken und ohne die groben Stiele fein zerkleinern.

4. Den Schinken mit der Tomate, den Kräutern und der Crème fraîche mischen und mit Salz und Pfeffer pikant abschmecken.

5. Die Garflüssigkeit vom Blumenkohl abgießen. Den Blumenkohl mit der Schinkencreme verrühren und noch einmal zugedeckt bei 600 Watt etwa 2 Minuten garen, bis er bißfest ist. Dazu schmecken am besten Salzkartoffeln.

Im Bild vorne: Blumenkohl mit Schinken und Kräutern
Im Bild hinten: Ratatouille

Grüner Spargel mit Kräuterbutter

Spargel bleibt in der Mikrowelle sehr aromatisch, da er in wenig Flüssigkeit in kurzer Zeit gegart wird. Für eine größere Menge Spargel eignet sich die Mikrowelle allerdings nicht, da die Garzeit dann zu lang wird.

Zutaten für 2–3 Personen:
je 1/2 Bund Petersilie und Basilikum
1 Knoblauchzehe
100 g weiche Butter
1/2 Eßl. Zitronensaft
1/2 Teel. scharfer Senf
750 g grüner Spargel
175 ml Wasser
1 Prise Zucker · Salz

Gelingt leicht

Bei 2 Personen pro Portion etwa:
1700 kJ/ 400 kcal
8 g Eiweiß · 42 g Fett
7 g Kohlenhydrate

- Zubereitungszeit: etwa 35 Minuten

1. Für die Kräuterbutter die Kräuter waschen, trockenschwenken und ohne die groben Stiele fein hacken. Die Knoblauchzehe schälen und durch die Knoblauchpresse drücken.

2. Mit einer Gabel die Butter mit den Kräutern, dem Knoblauch, dem Zitronensaft und dem Senf gründlich mischen. Die Butter in eine kleine Form streichen und bis zum Servieren in den Kühlschrank stellen.

3. Den Spargel von den Schnittstellen befreien und nur am unteren Ende dünn schälen.

4. Die Stangen gut waschen, dann in eine mikrowellengeeignete Form mit Deckel geben. Das Wasser mit dem Zucker und Salz verrühren und darüber gießen.

5. Den Spargel zugedeckt bei 600 Watt in etwa 13 Minuten bißfest garen. Dabei nach etwa der Hälfte der Zeit die äußeren Stangen nach innen legen und umgekehrt.

6. Die Spargelstangen mit einem Schaumlöffel aus der Garflüssigkeit heben, abtropfen lassen und auf vorgewärmte Teller verteilen. Die Kräuterbutter getrennt servieren. Dazu schmecken außerdem Salzkartoffeln oder Pfannkuchen.

Erbsen in Käsesauce

Zutaten für 3 Personen:
je einige Blättchen frische Zitronenmelisse und Estragon
40 g Parmesan
100 g Sahne
Salz
weißer Pfeffer, frisch gemahlen
300 g tiefgefrorene Erbsen

Gelingt leicht

Pro Portion etwa:
930 kJ/ 220 kcal
11 g Eiweiß · 14 g Fett
12 g Kohlenhydrate

- Zubereitungszeit: etwa 20 Minuten

1. Die Kräuter waschen, trokkenschwenken und fein hakken. Den Parmesan fein reiben.

2. Die Kräuter, den Käse und die Sahne in einer mikrowellengeeigneten Form mit Deckel mischen und mit Salz und Pfeffer würzen.

3. Die Sahnemischung bei 360 Watt offen etwa 2 Minuten garen, bis der Käse geschmolzen ist.

4. Die Erbsen untermischen und alles bei 600 Watt zugedeckt etwa 6 Minuten garen, bis die Erbsen bißfest sind. Dabei einmal durchrühren.

Im Bild vorne: Erbsen in Käsesauce
Im Bild hinten:
Grüner Spargel mit Kräuterbutter

Artischocken mit Kräuterdip

Zutaten für 2 Personen:
2 Artischocken (je etwa 250 g)
1/8 l Wasser
1 Eßl. Zitronensaft
Salz
150 g Crème fraîche
1/2 Teel. scharfer Senf
1 Teel. Olivenöl
1/2 Eßl. Zitronensaft
1 Knoblauchzehe
je 1/2 Bund Petersilie, Dill und Schnittlauch
weißer Pfeffer, frisch gemahlen

Gelingt leicht

Pro Portion etwa:
1600 kJ/ 380 kcal
9 g Eiweiß · 26 g Fett
5 g Kohlenhydrate

- Zubereitungszeit: etwa 30 Minuten

1. Die Artischocken gründlich waschen. Die Stiele abschneiden. Das Wasser mit dem Zitronensaft und Salz in einer mikrowellengeeigneten Form mit Deckel mischen. Die Artischocken hineinlegen.

2. Die Artischocken zugedeckt bei 600 Watt etwa 14 Minuten garen. Dabei nach der Hälfte der Garzeit wenden. Die Artischocken sind gar, wenn sich die Blätter herauszupfen lassen.

3. Inzwischen für den Dip die Crème fraîche mit dem Senf, dem Öl und dem Zitronensaft gründlich verrühren. Die Knoblauchzehe schälen und durch die Presse drücken. Die Kräuter waschen und fein hacken. Mit dem Knoblauch unter den Dip mischen.

4. Den Dip mit Salz und Pfeffer pikant abschmecken. Die abgetropften Artischocken auf Teller verteilen. Den Dip getrennt dazu servieren.

Sahnepilze

Außer Champignons oder Egerlingen schmecken auch frische Shiitake- oder Austernpilze. Statt frischer Pilze können Sie auch getrocknete, wie zum Beispiel Steinpilze verwenden. Sie benötigen dann etwa 40 g getrocknete Pilze.

Zutaten für 2 Personen:
1/2 Bund Petersilie
einige Blättchen frischer Salbei
1 kleine Zwiebel
1 Knoblauchzehe
400g Champignons oder Egerlinge
1 Eßl. Zitronensaft
1/2 Eßl. Butter · Salz
weißer Pfeffer, frisch gemahlen
2 Eßl. Crème fraîche

Gelingt leicht

Pro Portion etwa:
380 kJ/ 90 kcal
6 g Eiweiß · 6 g Fett
4 g Kohlenhydrate

- Zubereitungszeit: etwa 30 Minuten

1. Die Kräuter waschen und trockenschwenken. Die Petersilienblättchen von den Stielen zupfen und mit dem Salbei fein hacken. Die Zwiebel und den Knoblauch schälen und klein würfeln.

2. Die Pilze putzen und mit einem feuchten Tuch abreiben, dann in feine Scheiben schneiden. Die Pilze mit dem Zitronensaft mischen, damit sie sich nicht zu stark verfärben.

3. Die Zwiebel und den Knoblauch mit der Butter in eine mikrowellengeeignete Form geben. Die Masse offen bei 600 Watt etwa 2 Minuten andünsten. Die Pilze und die Kräuter untermischen und alles mit Salz und Pfeffer würzen.

4. Die Pilze offen bei 600 Watt etwa 4 Minuten garen. Dabei einmal durchrühren. Die Crème fraîche untermischen und alles offen bei 600 Watt noch einmal etwa 1 Minute erwärmen.

> **Tip!**
>
> Wenn Sie einmal zu viele Pilze gekauft haben, können Sie sie in der Mikrowelle trocknen. Die Pilze putzen, blättrig schneiden, auf Küchenpapier legen und bei 600 Watt in etwa 3 Minuten trocknen, dabei einmal wenden.

Im Bild vorne: Artischocken mit Kräuterdip
Im Bild hinten: Sahnepilze

Serviettenkloß

Zutaten für 4 Personen:
1 Stangenweißbrot (250 g)
2 Eßl. Butter
3 Eier
300 g Mehl
etwa 3/8 l Milch
Salz
1 Bund Petersilie

Für Gäste

Pro Portion etwa:
2700 kJ/ 640 kcal
26 g Eiweiß · 21 g Fett
91 g Kohlenhydrate

- Zubereitungszeit: etwa 1 1/2 Stunden (davon: etwa 1 Stunde Quellzeit)

1. Das Weißbrot klein würfeln, in zwei Portionen teilen und jede Hälfte mit 1 Eßlöffel Butter bei 600 Watt etwa 3 Minuten erhitzen. Dabei jeweils einmal gut durchrühren.

2. Die Würfel abkühlen lassen. Dann die Eier trennen, Eiweiß in den Kühlschrank stellen. Das Mehl mit der Milch, Salz und den Eigelben verrühren. Den Teig zugedeckt etwa 1 Stunde quellen lassen.

3. Dann die Petersilie waschen und fein hacken. Die Eiweiße mit 1 Prise Salz zu steifem Schnee schlagen. Den Eischnee mit den Brotwürfeln und der Petersilie unter den gequollenen Teig heben.

4. Ein Küchentuch kalt anfeuchten und gut ausdrücken. Die Serviettenkloßmasse in die Mitte des Tuches geben und zu einer Rolle formen. Das Tuch mit der Knödelmasse locker aufrollen. Es darf nicht zu straff sein, denn die Knödelmasse dehnt sich beim Garen aus.

5. Das Küchentuch an beiden Enden mit Küchengarn verschließen und auf einen mikrowellengeeigneten Teller legen. Diesen in das Gerät stellen. Den Serviettenkloß bei 490 Watt etwa 10 Minuten garen. Dabei nach der Hälfte der Zeit wenden.

6. Den Serviettenkloß vorsichtig aus dem Tuch lösen, in Scheiben schneiden und auf einem vorgewärmten Teller anrichten. Der Serviettenkloß schmeckt am besten zu Fleischgerichten mit kräftiger Sauce.

Semmelknödel

Zutaten für 4 Personen:
5 altbackene Brötchen (Semmeln)
etwa 1/4 l Milch
1 Zwiebel
1 Bund Petersilie
1 Ei
1 Eigelb
Salz
eventuell Semmelbrösel

Gelingt leicht

Pro Portion etwa:
1100 kJ/ 260 kcal
11 g Eiweiß · 8 g Fett
35 g Kohlenhydrate

- Zubereitungszeit: etwa 40 Minuten

1. Die Brötchen in dünne Scheiben schneiden und in eine Schüssel geben.

2. Die Milch in eine mikrowellengeeignete Form gießen und bei 600 Watt in etwa 3 Minuten erhitzen.

3. Die heiße Milch über die Brötchenscheiben gießen. Die Brötchen mit einer Schüssel beschweren und etwa 10 Minuten stehenlassen.

4. Die Zwiebel schälen und sehr fein hacken. Die Petersilie waschen, trockenschwenken und ohne die groben Stiele ebenfalls sehr fein hacken.

5. Die Zwiebel mit der Petersilie, dem Ei und dem Eigelb zu den eingeweichten Brötchen geben. Die Masse mit Salz abschmecken und kräftig durchkneten, bis ein formbarer Teig entstanden ist. Sollte der Teig zu feucht sein, noch Semmelbrösel untermischen.

6. Aus dem Knödelteig kleine Klöße formen und auf einem mikrowellengeeigneten Teller anordnen.

7. Die Knödel bei 600 Watt offen etwa 8 Minuten garen. Dabei nach der Hälfte der Zeit wenden. Die Knödel schmekken zu Braten, Pilzen in Sahnesauce und zu Sauerkraut.

Im Bild vorne: Semmelknödel
Im Bild hinten: Serviettenkloß

Pellkartoffeln

Zutaten für 2 Personen:
400 g kleine, gleich große Kartoffeln

Gelingt leicht • Schnell

Pro Portion etwa:
590 kJ/ 140 kcal
4 g Eiweiß · 0 g Fett
31 g Kohlenhydrate

- Zubereitungszeit: etwa 15 Minuten

1. Die Kartoffeln gründlich unter fließendem Wasser abbürsten.

2. Dann die Schale rundherum mit einer Gabel mehrmals einstechen. Das ist wichtig, damit die Schale beim Garen nicht platzt.

3. Die Kartoffeln in eine mikrowellengeeignete Form mit Deckel geben, die so groß sein soll, daß die Kartoffeln darin nebeneinander Platz haben. Die Kartoffeln zugedeckt bei 600 Watt in etwa 8 Minuten weich kochen.

4. Die Kartoffeln kurz im abgeschalteten Gerät stehenlassen, dann servieren.

Variante:
Salzkartoffeln
Auf die gleiche Art können Sie auch Salzkartoffeln zubereiten. Dazu die Kartoffeln schälen, waschen und in Würfel schneiden. Dann mit 2 Eßlöffeln Wasser und Salz in einer mikrowellengeeigneten Form mit Deckel mischen und ebenfalls etwa 8 Minuten bei 600 Watt garen.

Tip!

Wenn Sie die Zutatenmenge ändern wollen, denken Sie daran, daß die doppelte Menge auch die doppelte Zeit benötigt. Unter Umständen lohnt sich dann die Zubereitung in der Mikrowelle nicht.

Kartoffelpüree

Zutaten für 2 Personen:
400 g mehligkochende Kartoffeln
1/8 l Milch · 10 g Butter
Salz

Preiswert

Pro Portion etwa:
920 kJ/ 220 kcal
6 g Eiweiß · 7 g Fett
34 g Kohlenhydrate

- Zubereitungszeit: etwa 20 Minuten

1. Die Kartoffeln schälen, waschen und in kleine Stücke schneiden.

2. Die Kartoffeln mit 2 Eßlöffeln Wasser in eine mikrowellengeeignete Form mit Deckel geben und zugedeckt bei 600 Watt in etwa 8 Minuten weich garen.

3. Die Kartoffeln dann abgießen und zugedeckt beiseite stellen.

4. Die Milch in ein mikrowellengeeignetes Gefäß geben und bei 600 Watt in etwa 2 Minuten sehr heiß werden lassen. Einige Zeit im abgeschalteten Gerät stehen lassen, da es zu einem Siedeverzug kommen kann.

5. Die Kartoffeln durch die Kartoffelpresse drücken oder mit dem Kartoffelstampfer zerdrücken, dann mit der Milch und der Butter vermischen und mit Salz abschmecken.

Tip!

Wenn Sie ein Kombinationsgerät haben, können Sie auch ganz leicht und schnell Kartoffeln grillen. Dazu etwa 400 g Kartoffeln schälen oder unter fließendem Wasser sauber bürsten. Die Kartoffeln je nach Größe in Scheiben schneiden oder nur der Länge nach halbieren. Die Kartoffeln in die Fettpfanne des Gerätes legen und mit etwas Öl bestreichen. Bei 360 Watt und mittlerer Grillstufe etwa 12 Minuten garen, bis sie weich und gebräunt sind. Dann erst salzen.

Bild oben: Pellkartoffeln
Bild unten: Kartoffelpüree

Sauce hollandaise

Zutaten für 4 Personen:
150 g Butter
3 Eigelb
3 Eßl. lauwarmes Wasser
1 Eßl. Zitronensaft
Salz
Cayennepfeffer

Für Gäste • Gelingt leicht

Pro Portion etwa:
1300 kJ/ 310 kcal
2 g Eiweiß · 34 g Fett
0 g Kohlenhydrate

- Zubereitungszeit: etwa 10 Minuten

Variante:
Nach dem gleichen Prinzip wird eine Sauce béarnaise zubereitet. Zusätzlich zu dem lauwarmen Wasser wird die Eigelbcreme mit einem Estragonsud schaumig geschlagen. Für den Sud 2 Schalotten schälen und sehr fein hacken. Je 4 Stiele frischen Estragon und Kerbel waschen und trockenschwenken. Die Blättchen von den Stielen zupfen und zugedeckt beiseite stellen. Die Stiele fein hacken und mit den Schalotten und 50 ml trockenem Weißwein sowie 3 Eßlöffeln Weißweinessig in eine mikrowellengeeignete Form geben. Alles offen bei 600 Watt etwa 6 Minuten lang einkochen lassen, bis nur noch etwa 1 Eßlöffel Flüssigkeit übrig ist. Den Sud durch ein feines Sieb gießen.

1. Die Butter in ein mikrowellengeeignetes Gefäß geben und bei 600 Watt offen in etwa 1 1/2 Minuten schmelzen lassen.

2. Inzwischen die Eigelbe mit dem Wasser in einer anderen mikrowellengeeigneten Form sehr schaumig schlagen.

3. Die flüssige Butter unter ständigem Weiterrühren in dünnem Strahl untermischen.

4. Die Sauce bei 360 Watt offen in etwa 2 Minuten dickflussig einkochen lassen. Die Sauce dann mit dem Schneebesen kräftig durchrühren, mit dem Zitronensaft, Salz und Cayennepfeffer abschmecken.

Sauce béchamel

Eine Sauce béchamel schmeckt zu Gemüse wie zum Beispiel gekochten Schwarzwurzeln. Sie ist auch eine beliebte Zutat für viele Gerichte aus dem Backofen, zum Beispiel für eine klassische Lasagne.

Zutaten für 4 Personen:
60 g Butter
60 g Mehl
3/4 l Milch
Salz
Muskatnuß, frisch gerieben

Preiswert

Pro Portion etwa:
1200 kJ/ 290 kcal
8 g Eiweiß · 19 g Fett
20 g Kohlenhydrate

- Zubereitungszeit: etwa 15 Minuten

1. Die Butter in ein mikrowellengeeignetes Gefäß geben und bei 600 Watt offen in etwa 1 1/2 Minuten schmelzen lassen.

2. Das Mehl gründlich unterrühren und die Masse bei 600 Watt noch einmal etwa 2 Minuten garen.

3. Die Milch unter ständigem Rühren untermischen. Die Sauce bei 600 Watt in etwa 7 Minuten dickflüssig einkochen lassen. Dabei nach etwa der Hälfte der Zeit gründlich durchrühren. Vorsicht: Siedeverzug!

4. Die Sauce béchamel mit Salz und Muskat abschmecken.

GEMÜSE UND BEILAGEN

Rote Grütze mit Vanille-sauce

Wenn Sie keine frischen gemischten Beeren bekommen, können Sie auch tiefgefrorene verwenden. Es gibt sie in guter Qualität in 300 g-Packungen zu kaufen.

Zutaten für 4 Personen:
Für die Grütze:
600 g gemischte Beeren (Himbeeren, Johannisbeeren, Heidelbeeren, Erdbeeren und/oder Brombeeren)
1/8 l trockener fruchtiger Rotwein
30 g Speisestärke
1/8 l ungesüßter roter Fruchtsaft
50 g Zucker
abgeriebene Schale von 1/2 unbehandelten Zitrone
Für die Sauce:
400 ml Milch
1 Vanilleschote
2 Teel. Speisestärke
2 Eier
25 g Zucker

Raffiniert • Für Gäste

Pro Portion etwa:
1500 kJ/ 360 kcal
12 g Eiweiß · 10 g Fett
50 g Kohlenhydrate

- Zubereitungszeit: etwa 1 Stunde

1. Für die rote Grütze die Früchte vorbereiten. Die Himbeeren verlesen, nicht waschen. Die übrigen Früchte vorsichtig waschen und abtropfen lassen. Die Johannisbeeren von den Rispen streifen, die Erdbeeren in Stücke schneiden, die Brombeeren ganz lassen.

2. 3 Eßlöffel Wein mit der Speisestärke glattrühren. Den restlichen Wein mit dem Fruchtsaft, dem Zucker und der Zitronenschale vermischen und in eine mikrowellengeeignete Form mit Deckel geben. Die Flüssigkeit bei 600 Watt zugedeckt etwa 3 Minuten erhitzen.

3. Die angerührte Speisestärke einrühren. Alles bei 600 Watt weitere 2 Minuten erhitzen. Dabei nach der Hälfte sowie nach Ablauf der Zeit mit einem Schneebesen kräftig durchrühren.

4. Die Beeren untermischen und alles noch einmal etwa 1 Minute erwärmen, bis die Masse dickflüssig ist.

5. Die rote Grütze in Portionsförmchen füllen und bis zum Servieren kühl stellen.

6. Für die Sauce die Milch (bis auf 2 Eßlöffel) in eine mikrowellengeeignete Form mit Deckel füllen. Die Vanilleschote der Länge nach mit einem Messer aufschlitzen. Das Vanillemark herauskratzen und mit der Schote in die Milch geben. Die Milch zugedeckt bei 600 Watt etwa 4 Minuten erhitzen.

7. Inzwischen die Speisestärke mit der restlichen Milch verrühren. Die Eier trennen.

8. Die Eigelbe mit dem Zucker und der Speisestärke gründlich verrühren.

9. Die Eigelbmasse mit einem Schneebesen unter die Milch rühren. Die Sauce bei 600 Watt etwa 3 Minuten garen, bis sie dickflüssig ist. Dabei nach der Hälfte der Zeit gründlich durchrühren.

10. Die Vanilleschote entfernen, die Sauce noch einmal gut durchrühren. Die Eiweiße steif schlagen und unter die abgekühlte, aber noch leicht warme Sauce heben.

11. Die Sauce abkühlen lassen. Dabei gelegentlich durchrühren, damit sich keine Haut bildet. Die Sauce getrennt zu der Grütze servieren.

Die fruchtige Rote Grütze mit der sahnigen Vanillesauce zergeht auf der Zunge.

Schokoladenpudding

Zutaten für 4 Personen:
3 Eier
40 g Butter
20 g Zucker
50 g ungehäutete, gemahlene Mandeln
80 g geriebene Zartbitter-Schokolade
1 Prise Salz
abgeriebene Schale von 1/4 unbehandelten Zitrone
Butter und Semmelbrösel für die Förmchen
150 g Sahne
1/2 Eßl. Vanillinzucker

Gelingt leicht

Pro Portion etwa:
2100 kJ/ 500 kcal
14 g Eiweiß · 42 g Fett
20 g Kohlenhydrate

- Zubereitungszeit: etwa 25 Minuten

1. Die Eier trennen, die Eigelbe mit der Butter und dem Zukker schaumig schlagen. Die Eiweiße steif schlagen und daraufgeben. Die Mandeln, die Schokolade, das Salz und die Zitronenschale darüber streuen und alles locker, aber gründlich vermengen.

2. Vier mikrowellengeeignete Portionsförmchen mit reichlich Butter ausstreichen und mit Semmelbröseln ausstreuen. Die Masse hineinfüllen; die Förmchen sollen nur etwa zu zwei Dritteln gefüllt sein, damit beim Garen nichts ausläuft.

3. Den Schokoladenpudding in den Förmchen bei 490 Watt offen etwa 5 Minuten garen, bis die Masse fest geworden ist.

4. Die Förmchen etwas stehenlassen. Inzwischen die Sahne mit dem Vanillinzucker halbsteif schlagen. Jeden Pudding vorsichtig auf einen Dessertteller stürzen und mit der Sahne überziehen. Sofort servieren.

Schnelle Orangencreme

Zutaten für 4 Personen:
2 unbehandelte Orangen
100 ml Wasser
100 ml trockener Sekt oder trockener Weißwein
2 Eier · 80 g Zucker
30 g Speisestärke
1 Prise Salz · 100 g Sahne
einige Blättchen Zitronenmelisse zum Garnieren

Gelingt leicht • Für Gäste

Pro Portion etwa:
1400 kJ/ 330 kcal
9 g Eiweiß · 14 g Fett
36 g Kohlenhydrate

- Zubereitungszeit: etwa 1 1/2 Stunden (davon: etwa 1 Stunde Kühlzeit)

1. Eine Orange heiß waschen und abtrocknen, dann die Schale fein abreiben. Beide Orangen auspressen.

2. Den Orangensaft und die -schale mit dem Wasser und dem Sekt oder dem Wein in einem mikrowellengeeigneten Gefäß verrühren. Die Eier trennen. Die Eigelbe mit dem Zucker und der Speisestärke zu der Orangensaftmischung geben und alles mit einem Schneebesen kräftig durchschlagen.

3. Die Masse bei 360 Watt in etwa 8 Minuten heiß und dickflüssig werden lassen. Dabei zweimal mit dem Schneebesen gründlich durchrühren.

4. Die Creme etwas abkühlen lassen. Die Eiweiße mit Salz zu steifem Schnee schlagen. Die Sahne ebenfalls steif schlagen. Beides mit dem Schneebesen unter die Orangencreme heben.

5. Die Creme in Schälchen füllen und etwa 1 Stunde kühl stellen. Dann die Zitronenmelisse kalt abspülen und trockentupfen. Die Orangencreme mit der Melisse garniert servieren.

Bild oben: Schokoladenpudding
Bild unten: Schnelle Orangencreme

Panna cotta mit Pfirsichsauce

Ein sahniges Dessert aus Italien, das ganz leicht gelingt.

Zutaten für 4 Personen:
1 Vanilleschote
500 g Sahne
40 g Zucker
3 Blatt farblose Gelatine
4 vollreife Pfirsiche
50 ml trockener Weißwein
eventuell etwas Zucker

Raffiniert • Für Gäste

Pro Portion etwa:
2000 kJ/ 480 kcal
5 g Eiweiß · 40 g Fett
25 g Kohlenhydrate

- Zubereitungszeit: etwa 6 1/2 Stunden (davon: etwa 6 Stunden Kühlzeit)

1. Die Vanilleschote mit einem spitzen Messer der Länge nach aufschlitzen. Das Vanillemark herauskratzen und mit der Schote in eine mikrowellengeeignete Form mit höherem Rand geben. Die Sahne und den Zucker dazugeben und gründlich untermischen.

2. Die Sahne offen bei 600 Watt etwa 10 Minuten kochen lassen. Dabei zweimal gründlich umrühren. Vorsicht: Siedeverzug! Die Gelatine in einem Schälchen in kaltem Wasser einweichen. Tropfnaß in ein kleines, mikrowellengeeignetes Gefäß geben und bei 600 Watt in etwa 10 Sekunden schmelzen lassen.

3. Die Vanilleschote aus der Sahne entfernen. Die Gelatine gründlich unter die Sahne rühren. Die Sahne in kalt ausgespülte Förmchen füllen und etwa 6 Stunden in den Kühlschrank stellen, bis sie fest ist.

4. Nach dieser Zeit die Pfirsiche häuten und vom Stein befreien. Dann mit dem Wein im Mixer fein pürieren. Eventuell mit etwas Zucker abschmekken. Die Panna cotta mit einem Messer vom Rand der Förmchen lösen, auf Dessertteller stürzen und mit der Pfirsichsauce servieren.

Tip!

Gut schmeckt zu der Panna cotta auch eine Erdbeersauce, für die Sie etwa 400 g Erdbeeren brauchen. Zubereitet wird sie wie die Pfirsichsauce.

Quarkklößchen mit Erdbeersauce

Zutaten für 3–4 Personen:
Für die Sauce:
350 g Erdbeeren
1 Eßl. Zucker
50 g Sahne
Für die Klößchen:
1 Vanilleschote
150 g Quark
2 Eßl. Zucker
2 Teel. Zitronensaft
1 Ei
1 Eigelb
30 g Mehl
etwa 2 Eßl. Semmelbrösel

Raffiniert • Preiswert

Bei 3 Personen pro Portion etwa:
1300 kJ/ 310 kcal
13 g Eiweiß · 16 g Fett
30 g Kohlenhydrate

- Zubereitungszeit: etwa 30 Minuten

1. Die Erdbeeren waschen und von den Stielen befreien, dann mit einer Gabel sehr fein zerdrücken. Die Erdbeeren mit dem Zucker und der Sahne mischen und bis zum Servieren zugedeckt in den Kühlschrank stellen.

2. Die Vanilleschote aufschlitzen. Das Vanillemark herauskratzen und in eine Schüssel geben. Den Quark, den Zukker, den Zitronensaft, das Ei, das Eigelb und das Mehl hinzufügen und alles mit einem Kochlöffel gut verrühren. So viele Semmelbrösel unter den Quarkteig mischen, daß eine formbare Masse entsteht.

3. Mit zwei Teelöffeln von der Quarkmasse kleine Klößchen abstechen und auf zwei mikrowellengeeigneten Tellern anordnen. Die Klößchen nacheinander bei 600 Watt jeweils etwa 3 1/2 Minuten garen.

4. Die Klößchen auf vier Dessertteller verteilen. Die Erdbeersauce noch einmal gründlich durchrühren und getrennt zu den Klößchen servieren.

Gefülltes Brathähnchen

Zutaten für 4 Personen:
1 Hähnchen von etwa 1,4 kg
mit Innereien
1 altbackenes Brötchen
2 Frühlingszwiebeln
100 g Champignons
1 Eßl. Zitronensaft
einige Blättchen frischer Majoran
40 g Butter
Salz
weißer Pfeffer, frisch gemahlen

Gelingt leicht

Pro Portion etwa:
2400 kJ/ 570 kcal
74 g Eiweiß · 29 g Fett
7 g Kohlenhydrate

- Zubereitungszeit: etwa 1 Stunde 10 Minuten

1. Die Innereien aus dem Hähnchen nehmen. Die Leber und das Herz vom Fett und allen Adern befreien, kalt abspülen und kleinschneiden. Den Magen des Hähnchens wegwerfen. Das Hähnchen innen und außen kalt abspülen und trockentupfen.

2. Für die Füllung das Brötchen mit lauwarmem Wasser bedecken und etwa 10 Minuten quellen lassen, bis es weich ist. Die Frühlingszwiebeln putzen, gründlich waschen und fein hacken. Die Pilze putzen, mit einem feuchten Tuch abreiben und mit dem Zitronensaft mischen, damit sie sich nicht verfärben. Den Majoran waschen, trockentupfen und fein hacken.

3. Das Brötchen ausdrücken und fein zerpflücken. Das Brötchen mit den Frühlingszwiebeln, den Pilzen und dem Majoran sowie den Innereien des Hähnchens und der Hälfte der Butter mischen.

4. Die restliche Butter in ein kleines Schälchen geben und bei 600 Watt in etwa 1/2 Minute schmelzen lassen.

5. Das Hähnchen innen und außen mit Salz und Pfeffer einreiben. Die Pilzfüllung mit Salz und Pfeffer abschmecken und in den Bauch des Hähnchens geben.

6. Die Bauchöffnung des Hähnchens mit Küchengarn zunähen. Das Hähnchen mit der Brustseite nach unten auf den Rost legen, mit etwas flüssiger Butter bestreichen und mit der Fettpfanne in das Gerät (Mitte) geben.

7. Das Hähnchen bei 360 Watt und Umluft 180° (Ober- und Unterhitze 200°) etwa 35 Minuten braten, bis es knusprig gebräunt ist. Das Hähnchen dabei nach der Hälfte der Garzeit wenden und mit der restlichen Butter bestreichen.

8. Das gebratene Hähnchen in Alufolie wickeln und etwa 5 Minuten ruhen lassen, dann in 8 Stücke tranchieren und auf einer vorgewärmten Platte anrichten.

Tip!

Geflügel gelingt im Kombinationsgerät besonders gut. Versuchen Sie zum Beispiel auch einmal eine gegrillte Entenbrust. Sie braucht bei 360 Watt und mittlerer Grillstufe nur etwa 11 Minuten. Die Entenbrust erst mit der Hautseite nach oben grillen, nach etwa 9 Minuten wenden.

Das gefüllte Brathähnchen gelingt in Kombinationsgeräten besonders gut, denn durch Umluft oder Ober- und Unterhitze wird es knusprig braun.

Geschmorte Kalbshaxe

Zutaten für 2 Personen:
2 Scheiben Kalbshaxe
(etwa 4 cm dick)
2 Möhren
1 Stück Knollensellerie
200 g Tomaten · 1 Zwiebel
1 Knoblauchzehe
1 Bund Petersilie
2 Eßl. Butter
50 ml Wasser
Salz
weißer Pfeffer, frisch gemahlen
Zum Bestreuen:
1 Stück unbehandelte
Zitronenschale
1 Knoblauchzehe
1/2 Bund Petersilie

Spezialität aus Italien

Pro Portion etwa:
1700 kJ/ 400 kcal
56 g Eiweiß · 15 g Fett
11 g Kohlenhydrate

- Zubereitungszeit: etwa 1 Stunde

1. Die Kalbshaxe kalt abspülen und trockentupfen. Die Möhren und den Sellerie schälen, waschen und klein würfeln. Die Tomaten häuten und in kleine Würfel schneiden, dabei die Stielansätze entfernen. Die Zwiebel und den Knoblauch schälen und sehr fein hacken. Die Petersilie waschen und hacken.

2. Das Gemüse (außer den Tomaten), die Zwiebel, den Knoblauch und die Petersilie mit der Butter in eine größere mikrowellengeeignete und feuerfeste Form geben und bei 600 Watt offen etwa 6 Minuten andünsten. Dabei ein- bis zweimal gründlich durchrühren.

3. Die Fleischscheiben hinzufügen. Das Wasser mit den Tomaten verrühren, salzen und pfeffern und über das Fleisch gießen. Das Fleisch zugedeckt bei 180 Watt und Umluft 200° (Ober- und Unterhitze 220°) etwa 40 Minuten schmoren. Dabei einmal wenden und eventuell noch etwas heißes Wasser angießen.

4. Inzwischen die Zitronenschale sehr fein hacken. Den Knoblauch schälen und ebenfalls fein hacken. Die Petersilie waschen und fein zerkleinern. Diese Zutaten mischen. Das Fleisch kurz im abgeschalteten Gerät stehenlassen, dann mit der Zitronenmischung bestreuen.

Gegrilltes Lammfleisch

Zutaten für 2 Personen:
250 g Lammkeule ohne Knochen
2 Knoblauchzehen
1 Zweig frischer Rosmarin
1 Stück Schale (ca. 2 cm lang)
und Saft von 1/2 unbehandelten
Zitrone
2 Eßl. Olivenöl
weißer Pfeffer, frisch gemahlen
Salz

Gelingt leicht

Pro Portion etwa:
1500 kJ/ 360 kcal
23 g Eiweiß · 30 g Fett
1 g Kohlenhydrate

- Zubereitungszeit: etwa 4 1/2 Stunden (davon: etwa 4 Stunden Marinierzeit)

1. Das Lammfleisch kalt abspülen und trockentupfen. Den Knoblauch schälen und mit der Zitronenschale fein hacken. Den Rosmarin grob hacken.

2. Den Knoblauch mit dem Rosmarin, der Zitronenschale und dem -saft sowie dem Olivenöl verrühren und kräftig mit Pfeffer würzen. Das Lammfleisch in einen tiefen Teller legen und mit der Marinade begießen. Das Lammfleisch etwa 4 Stunden im Kühlschrank marinieren. Dabei ein- bis zweimal wenden.

3. Dann das Fleisch mit der Marinade in eine feuerfeste, mikrowellengeeignete Form geben. Die Form mit dem Rost in das Gerät (Mitte) schieben und das Fleisch offen bei 360 Watt und mittlerer Grillstufe etwa 15 Minuten grillen. Das Fleisch dabei nach etwa 9 Minuten wenden.

4. Das Lammfleisch kurz ruhen lassen, dann in Scheiben schneiden, salzen, pfeffern und servieren.

Im Bild vorne: Geschmorte Kalbshaxe
Im Bild hinten: Gegrilltes Lammfleisch

Kartoffel-Pilz-Gratin

Zutaten für 2–3 Personen:
300 g Champignons
1 Eßl. Zitronensaft
500 g mehligkochende Kartoffeln
1/2 Bund frischer Thymian · Salz
weißer Pfeffer, frisch gemahlen
200 g Sahne
150 g Mozzarella

Gelingt leicht

Bei 2 Personen pro Portion etwa:
2900 kJ/ 690 kcal
27 g Eiweiß · 45 g Fett
43 g Kohlenhydrate

- Zubereitungszeit: etwa 1 Stunde

1. Die Pilze putzen und in dünne Scheiben schneiden, mit dem Zitronensaft mischen.

2. Die Kartoffeln schälen, waschen und in dünne Scheiben teilen. Den Thymian waschen, trockenschwenken und die Blättchen von den Stielen streifen.

3. Die Kartoffeln und die Pilze lagenweise in eine feuerfeste, mikrowellengeeignete Form schichten. Dabei jede Schicht mit Thymian bestreuen und mit Salz und Pfeffer würzen.

4. Die Sahne seitlich angießen. Den Mozzarella in kleine Würfel schneiden und auf dem Gratin verteilen.

5. Das Gratin mit dem Rost in das Gerät (Mitte) geben und bei 360 Watt und Umluft 200° (Ober- und Unterhitze 220°) etwa 25 Minuten garen, bis es schön gebräunt ist und die Kartoffeln weich sind.

Gemüsequiche

Für eine Springform aus
Schwarzblech von 28 cm Ø
Für den Teig:
250 g Mehl oder Weizen-
vollkornmehl
Salz
125 g Butter
Für den Belag:
2 Eßl. Joghurt
2 Stangen Lauch
150 g Champignons
1 Eßl. Zitronensaft
je 1 rote und gelbe Paprikaschote
2 Knoblauchzehen
1 Bund Petersilie
100 g Bergkäse
3 Eier
100 g Sahne
schwarzer Pfeffer, frisch gemahlen

Für Gäste

Bei 12 Stück pro Stück etwa:
1100 kJ/ 260 kcal
10 g Eiweiß · 17 g Fett
18 g Kohlenhydrate

- Zubereitungszeit: etwa 1 1/2 Stunden

1. Das Mehl mit Salz in einer Schüssel mischen. Die Butter in kleine Stücke schneiden und mit dem Joghurt dazugeben. Alles zu einem glatten Teig verkneten. Sollte der Teig zu fest sein, noch etwas kaltes Wasser untermischen.

2. Die Springform mit dem Teig auskleiden, dabei einen etwa 3 cm hohen Rand formen. Den Teig in der Form etwa 1 Stunde kühl stellen.

3. Inzwischen für den Belag den Lauch putzen, waschen und mit dem zarten Grün in Ringe schneiden. Die Pilze putzen, vierteln und mit dem Zitronensaft mischen. Die Paprikaschoten waschen, putzen und klein würfeln. Den Knoblauch schälen und fein hacken. Die Petersilie waschen und fein hacken.

4. Die Paprikawürfel, den Lauch, den Knoblauch und die Petersilie mit den Pilzen mischen. Den Käse fein reiben. Die Eier trennen.

5. Die Eigelbe mit dem Käse und der Sahne verquirlen und unter die Pilzmasse mengen. Die Eiweiße steif schlagen. Den Eischnee mit Pfeffer unter die Gemüsemasse heben. Die Eier- Gemüse-Mischung auf dem Teigboden verteilen.

6. Die Quiche mit dem Rost in das Gerät (Mitte) geben und bei 180 Watt und Umluft 190° (Ober- und Unterhitze 210°) etwa 30 Minuten backen, bis die Oberfläche schön gebräunt ist. Die Quiche 5 Minuten im abgeschalteten Gerät stehenlassen, dann servieren.

Im Bild vorne: Kartoffel-Pilz-Gratin
Im Bild hinten: Gemüsequiche

Rhabarbergratin

Zutaten für 4 Personen:
700 g Rhabarber
80 g Zucker
150 g Crème fraîche
1 Eßl. flüssiger Honig
1 Teel. Zimtpulver
Butter für die Form

Für Gäste

Pro Portion etwa:
940 kJ/ 220 kcal
2 g Eiweiß · 12 g Fett
27 g Kohlenhydrate

- Zubereitungszeit: etwa 35 Minuten

1. Eine feuerfeste, mikrowellengeeignete Form mit Butter ausstreichen.

2. Den Rhabarber waschen, putzen und in kleine Stücke schneiden. Den Rhabarber mit dem Zucker mischen und etwa 10 Minuten ziehen lassen.

3. Dann abtropfen lassen und in die Form füllen. Die Crème fraîche mit dem Honig und dem Zimt mischen und über dem Rhabarber verteilen.

4. Die Form mit dem Rost in das Gerät (Mitte) geben und das Gratin bei 360 Watt und mittlerer Grillstufe etwa 10 Minuten garen, bis der Rhabarber weich und gebräunt ist. Das Gratin schmeckt am besten lauwarm.

Gratinierte Pfirsiche

Zutaten für 4 Personen:
600 g Pfirsiche
2 Eßl. Honig · 2 Eßl. Zitronensaft
1 Eßl. Amaretto (Mandellikör)
4 Eiweiß
1 Prise Salz
1 Eßl. Zucker
75 g fein gemahlene Walnußkerne
Butter für die Form

Gelingt leicht

Pro Portion etwa:
940 kJ/ 220 kcal
5 g Eiweiß · 12 g Fett
24 g Kohlenhydrate

- Zubereitungszeit: etwa 40 Minuten

1. Die Pfirsiche mit kochendem Wasser übergießen, kurz ziehen lassen, kalt abschrekken und häuten. Das Fruchtfleisch in Spalten von den Steinen schneiden.

2. Eine flache, feuerfeste und mikrowellengeeignete Form mit etwas Butter ausstreichen. Die Pfirsiche dachziegelartig darin verteilen.

3. Den Honig mit dem Zitronensaft und dem Amaretto in eine mikrowellengeeignete Form geben und bei 600 Watt in etwa 1 Minute flüssig werden lassen. Die Masse dann gut durchrühren und über die Pfirsiche träufeln.

4. Die Eiweiße mit Salz zu steifem Schnee schlagen, dabei den Zucker einrieseln lassen. Die Walnüsse unterheben. Das Baiser über die Pfirsiche geben und glattstreichen.

5. Die Form auf dem Rost in das Gerät (Mitte) geben und die Pfirsiche bei 360 Watt und mittlerer Grillstufe etwa 10 Minuten gratinieren, bis das Baiser fest und gebräunt ist. Die Pfirsiche lauwarm abkühlen lassen, dann servieren.

Tip!

Bei sehr reifen Pfirsichen läßt sich die Haut ganz leicht abziehen, ohne daß man sie mit heißem Wasser überbrühen muß.
Das Nußbaiser können Sie mit allen Nüssen und Kernen zubereiten. Versuchen Sie es einmal mit Haselnüssen, Mandeln und – was besonders gut schmeckt – mit Kürbiskernen.

Im Bild vorne: Gratinierte Pfirsiche
Im Bild hinten: Rharbarbergratin

Johannisbeer-kuchen mit Nußguß

Zutaten für eine Springform aus Schwarzblech von 28 cm Ø:
Für den Teig:
250 g Weizenvollkornmehl oder weißes Mehl
125 g Butter
abgeriebene Schale von 1/2 unbehandelten Zitrone
1 Teel. gemahlene Vanille
1–2 Eßl. Joghurt
1 Prise Salz
50 g Zucker
Für den Belag:
600 g rote Johannisbeeren
100 g Haselnüsse
2 Eier
100 g Sahne
1 Teel. Kakaopulver
80 g Zucker

Gelingt leicht

Bei 12 Stück pro Stück etwa:
1300 kJ/ 310 kcal
6 g Eiweiß · 19 g Fett
25 g Kohlenhydrate

- Zubereitungszeit: etwa 2 Stunden (davon: 1 Stunde Kühlzeit)

1. Für den Teig das Mehl mit der in Stücke geteilten Butter, der Zitronenschale, der Vanille, dem Joghurt, dem Salz und dem Zucker rasch zu einem glatten geschmeidigen Teig verkneten. Sollte der Teig zu fest sein (kann vor allem bei Vollkornmehl der Fall sein), noch etwas Joghurt oder Wasser unterkneten.

2. Die Springform aus Schwarzblech mit dem Teig auskleiden, dabei einen etwa 3 cm hohen Rand formen. Den Teig in der Form etwa 1 Stunde kühl stellen.

3. Dann die Johannisbeeren waschen, abtropfen lassen und von den Stielen streifen. Die Haselnüsse fein mahlen.

4. Die Eier trennen. Die Eigelbe mit der Sahne, dem Kakaopulver, den Nüssen und dem Zucker verquirlen. Die Eiweiße steif schlagen und vorsichtig unter die Eigelbcreme heben.

5. Die Johannisbeeren auf dem gekühlten Teigboden verteilen. Die Eiermasse darüber geben und glattstreichen.

6. Den Kuchen mit dem Rost in das Gerät (Mitte) geben und bei 180 Watt und Umluft 190° (Ober- und Unterhitze 210°) etwa 30 Minuten backen, bis er schön gebräunt ist.

7. Den Kuchen etwa 5 Minuten im abgeschalteten Gerät stehenlassen, dann vorsichtig aus der Form lösen und auf einem Kuchengitter auskühlen lassen. Der Kuchen schmeckt frisch und mit Puderzucker bestäubt am besten.

Varianten:
Den Kuchen können Sie natürlich auch mit anderen Früchten backen. Gut eignen sich Pfirsiche, Nektarinen, Kirschen, Aprikosen oder Äpfel. Auch Rhabarber können Sie verwenden. Sie sollten ihn allerdings nach dem Vorbereiten erst einmal mit etwa 100 g Zucker mischen und einige Zeit stehenlassen. Rhabarber ist sonst zu sauer. Nach dem Ziehenlassen die Flüssigkeit, die sich gebildet hat, abgießen und den Rhabarber wie im Rezept beschrieben weiter verarbeiten.

Tip!

Vollkornmehl bindet mehr Flüssigkeit als ausgemahlenes, weißes Mehl. Der Teig braucht deshalb etwas mehr Flüssigkeit als einer aus weißem Mehl. Auch beim Kühlen quillt Vollkornmehl mehr auf als weißes Mehl.

Der Johannisbeerkuchen mit Nußguß schmeckt frisch gebacken am besten.

UMRECHNUNGSTABELLE

Die Rezepte in diesem Buch sind für Mikrowellengeräte mit 600 Watt Höchstleistung konzipiert. Wenn Sie ein Gerät mit einer geringeren beziehungsweise einer höheren Wattleistung haben, können Sie die Garzeiten mit der folgenden Tabelle ganz einfach umrechnen.
Mikrowellengeräte mit 650 oder 720 Watt sind hier nicht berücksichtigt, da die Unterschiede zu einem 700-Watt-Gerät kaum ins Gewicht fallen. Auch Mikrowellengeräte mit 400 Watt Höchstleistung finden Sie in dieser Tabelle nicht, da sich diese Geräte hauptsächlich zum Auftauen und Erwärmen, aber nicht so gut zum Garen eignen.

500 Watt	**600 Watt**	**700 Watt**
3/4 Minute	1/2 Minute	1/2 Minute
1 1/4 Minuten	1 Minute	1 Minute
1 3/4 Minuten	1 1/2 Minuten	1 1/4 Minuten
2 1/2 Minuten	2 Minuten	1 3/4 Minuten
2 3/4 Minuten	2 1/4 Minuten	2 Minuten
3 Minuten	2 1/2 Minuten	2 Minuten
3 1/2 Minuten	3 Minuten	2 1/2 Minuten
4 1/2 Minuten	4 Minuten	3 1/2 Minuten
5 1/2 Minuten	5 Minuten	4 1/2 Minuten
6 1/2 Minuten	6 Minuten	5 Minuten
8 Minuten	7 Minuten	6 Minuten
9 Minuten	8 Minuten	7 Minuten
10 1/2 Minuten	9 Minuten	7 1/2 Minuten
11 1/2 Minuten	10 Minuten	8 1/2 Minuten
12 1/2 Minuten	11 Minuten	9 1/2 Minuten
13 1/2 Minuten	12 Minuten	10 Minuten
15 Minuten	13 Minuten	11 Minuten
16 Minuten	14 Minuten	12 Minuten
17 Minuten	15 Minuten	13 Minuten
23 Minuten	20 Minuten	17 Minuten
28 Minuten	25 Minuten	21 Minuten
34 Minuten	30 Minuten	26 Minuten

Erwärmen fertiger Gerichte

Beim Erwärmen fertiger Gerichte wählt man in der Regel die höchste Leistung. Man rechnet für ein Tellergericht von etwa 250 g eine Erwärmzeit von etwa 2 Minuten. Trockene Gerichte wie zum Beispiel paniertes Fleisch oder Fisch sollten Sie mit einigen Tropfen Wasser bespritzen und zugedeckt aufwärmen, damit sie nicht austrocknen. Nicht besonders gut geeignet zum Erwärmen sind Gerichte, die nur eine kurze Garzeit haben und normalerweise »à la minute« zubereitet werden, wie zum Beispiel dünne Fischfilets oder Nudelgerichte. Fisch kann zu trocken werden, Nudeln zu weich und eventuell matschig sein.

Lebensmittel	Menge	Zeit/Min	Stehzeit	Anmerkungen
Brot	1 Scheibe	1/2	4	
Brötchen	1 Stück	1/2	5	einmal wenden
Kuchen	1 Stück	1–2	5	Sahnetorten nur antauen
Butter	250 g	3–4	20	nur antauen
Käse	500 g	4–5	25	nur antauen
Sahne	250 g	2–3	5	nur antauen, leicht gefroren schlagen
Fisch im Ganzen	500 g	9–12	10	einmal wenden
Fischfilet	300 g	6–8	10	einmal wenden
Scampi	200 g	6–8	10	einmal wenden
Fleisch im Ganzen	500 g	15	10	einmal wenden
Hackfleisch	500 g	10–13	15	einmal wenden
Flüssigkeiten	1/4 l	9–11	–	
Gemüse	300 g	4–6	10	einmal wenden

Auftauen der wichtigsten Lebensmittel

Die Zeiten in der Tabelle gelten für gefrorene Lebensmittel, die nur aufgetaut werden sollen, ohne dabei warm zu werden. Sehr empfindliche Lebensmittel, wie zum Beispiel Sahne, werden nur angetaut und müssen anschließend bei Zimmertemperatur stehen, bis sie vollkommen aufgetaut sind. Als Wattleistung wird immer die sogenannte »Auftaustufe« gewählt.
Vor dem Auftauen von Geflügel in der Mikrowelle wird in letzter Zeit häufig gewarnt. Geflügelfleisch ist sehr empfindlich und sollte langsam auftauen, also am besten im Kühlschrank.

REZEPT- UND SACHREGISTER

Zum Gebrauch
Damit Sie Rezepte mit bestimmten Zutaten noch schneller finden können, stehen in diesem Register zusätzlich auch beliebte Zutaten wie Kartoffeln oder Pilze – ebenfalls alphabetisch geordnet und halbfett gedruckt – über den entsprechenden Rezepten.

IMPRESSUM

Umschlag-Vorderseite:
Das Rezept für Lammcurry mit Bohnen finden Sie auf Seite 26.

Redaktion:
Claudia Daiber-Amann
Layout: Ludwig Kaiser
Gesamtherstellung: BuchHaus. Kraxenberger.Gigler.GmbH
Fotos: Odette Teubner, Kerstin Mosny
Reproduktion:
Greineder, München
Druck: Appl, Wemding
Bindung: R. Oldenbourg
ISBN: 3-7742-1331-3

Auflage 9. 8. 7. 6. 5.
Jahr 1999 98 97 96 95

Wichtiger Hinweis
Bevor Sie Ihr Mikrowellengerät in Betrieb nehmen, sollten Sie sich gründlich anhand der Gebrauchsanleitung damit vertraut machen. Bitte lesen Sie außerdem auch die Angaben auf den theoretischen Seiten dieses Buches (S. 4–7). Zu beachten ist besonders, daß es beim Erhitzen von Flüssigkeiten zu einem Siedeverzug kommen kann, das heißt, daß die Flüssigkeit erst zu brodeln anfängt, wenn das Gefäß aus dem Gerät genommen wird (Verbrennungsgefahr!). Deshalb die Flüssigkeit am besten nach der angegebenen Garzeit im Gerät noch ein wenig abkühlen lassen oder mit einem Glasstäbchen im Gefäß erhitzen (das sorgt für eine gleichmäßige Erwärmung). Wenn Sie Fragen haben und trotz aller Hinweise unsicher sind, wenden Sie sich am besten an die Beratungszentren Ihres Energieversorgungsunternehmens, an die Verbraucherzentrale in Ihrer Stadt oder an den Hersteller. Neue Geräte sind gesundheitlich unbedenklich. Es ist jedoch empfehlenswert, sie nach einiger Zeit auf Strahlendichtigkeit hin untersuchen zu lassen. Fragen Sie Ihren Fachhändler.

Cornelia Schinharl
lebt in München und interessierte sich schon immer für das Thema Kochen. Nach ihrem Sprachenstudium eignete sie sich umfangreiche Kenntnisse im Bereich Ernährung durch die Arbeit bei einer Foodjournalistin an. In Kursen und Seminaren informiert sie sich laufend über die Entwicklung der Mikrowellentechnik. Seit 1985 ist sie als Redakteurin und Autorin selbständig tätig. Von ihr sind bereits mehrere Kochbücher erschienen.

Odette Teubner
wurde durch ihren Vater, den international bekannten Food-Fotografen Christian Teubner, ausgebildet. Anschließend widmete sie sich einige Monate der Modefotografie. Heute arbeitet sie ausschließlich im Studio für Lebensmittelfotografie Teubner. In ihrer Freizeit ist sie begeisterte Kinderporträtistin – mit dem eigenen Sohn als Modell.

Kerstin Mosny
besuchte eine Fachhochschule für Fotografie in der französischen Schweiz. Danach arbeitete sie als Assistentin bei verschiedenen Fotografen, unter anderem bei dem Food-Fotografen Jürgen Tapprich in Zürich. Seit März 1985 arbeitet sie im Fotostudio Teubner.